EDUCAÇÃO
PARA O **FUTURO**

CARO(A) LEITOR(A),

Queremos saber sua opinião sobre nossos livros.

Após a leitura,

siga-nos no **linkedin.com/company/editora-gente**,

no TikTok **@EditoraGente** e no Instagram **@editoragente**

e visite-nos no site **www.editoragente.com.br**.

Cadastre-se e contribua com sugestões,

críticas ou elogios.

RENATO FEDER
Prefácio de Cláudia Costin

EDUCAÇÃO PARA O FUTURO

O passo a passo para **construir** uma **gestão educacional** focada em **resultados**

Diretora
Rosely Boschini

Gerente Editorial
Rosângela de Araújo Pinheiro Barbosa

Editora Júnior
Carolina Forin

Coordenação Editorial
Giulia Molina Frost

Produção Gráfica
Fábio Esteves

Capa
Natália Bae

Projeto gráfico e diagramação
Renata Zucchini

Preparação
Amanda Oliveira

Revisão
Lorena Pimentel
Giulia Molina Frost

Impressão
Edições Loyola

Copyright © 2023 by Renato Feder
Todos os direitos desta edição
são reservados à Editora Gente.
Rua Natingui, 379 – Vila Madalena
São Paulo, SP – CEP 05443-000
Telefone: (11) 3670-2500
Site: www.editoragente.com.br
E-mail: gente@editoragente.com.br

Dados Internacionais de Catalogação na Publicação (CIP)
Angélica Ilacqua CRB-8/7057

Feder, Renato
    Educação para o futuro: o passo a passo para construir uma gestão educacional focada em resultados / Renato Feder. - São Paulo: Editora Gente, 2023.
    192 p.

ISBN 978-65-5544-350-9

1. Educação 2. Educação – Brasil I. Título

23-2362

CDD 370

Índice para catálogo sistemático:
1. Educação

NOTA DA PUBLISHER

Educação é um tema que nunca sai de pauta, principalmente em um país tão marcado por desigualdades como o Brasil. Escutamos a todo o momento que precisamos investir na base, que o futuro dos nossos jovens demanda uma formação de qualidade, mas a sensação é que muito se fala sobre o assunto e muito pouco, de fato, é feito. No Brasil, embarcar no desafio complexo de transformar a nossa educação em uma Educação com "E" maiúsculo exige tremenda coragem e um grande senso de propósito.

E é isso que Renato Feder, o nosso novo autor da casa, teve: munido de toda a sua grande experiência empresarial como co-CEO da Multilaser e sua expertise sobre como a tecnologia pode ser uma grande aliada na busca por resultados, Feder aceitou o desafio de viver pela Educação. Sua jornada como gestor educacional na esfera pública é um exemplo do quanto podemos transformar vidas quando não temos medo de questionar e ajustar o que não está funcionando e focamos o que realmente importa: os jovens que ditarão os rumos da nossa sociedade.

Esse livro em suas mãos, caro leitor, é uma mina de ouro para quem realmente quer transformar o futuro do nosso país. Mais do que apenas passos práticos, aqui o autor nos ensina o poder de fazer o essencial bem feito e nos ensina como os 14 pilares que desenvolveu ao abraçar o desafio de revolucionar a Educação brasileira nos ajudam a construir uma formação de base que prepara as nossas crianças e adolescentes para o mundo real.

Chegou o momento de termos coragem para pensar em uma *Educação para o futuro* – e o primeiro passo para essa jornada começa agora. Vamos juntos?

Rosely Boschini · CEO e Publisher da Editora Gente

Nota editorial: os dados apresentados ao longo do livro pelo autor sobre as melhorias percebidas ao longo de sua gestão na Secretaria da Educação e do Esporte do Estado do Paraná só podem ser acessados por aqueles que fazem parte da rede estadual do Paraná.

Para Priscila, Leonardo, Alberto e Felipe

AGRADECIMENTOS

Este livro tem relação direta com um sonho – viver para a Educação – que só foi possível realizar graças ao apoio, ao comprometimento e à abnegação de inúmeras pessoas, a quem sou profundamente grato.

Em primeiro lugar, gostaria de agradecer à Priscila, minha amada esposa, que me apoiou incondicionalmente desde o princípio. Quando surgiu o convite para que eu me tornasse secretário de Educação do Paraná, a Priscila aceitou a mudança de estado no mesmo dia. Convém ressaltar que, até então, ela sempre tinha morado em São Paulo, onde tínhamos uma rotina consolidada com nossos três filhos pequenos. A coragem da Priscila se converteu em um forte suporte para mim nesse momento e me deixou ainda mais ávido por fazer um bom trabalho. A Priscila foi incrível. Tenho muita admiração e carinho por ela ter aceitado essa jornada sem pensar duas vezes.

Da mesma forma, sou muito grato aos meus filhos Leonardo, Alberto e Felipe – que tinham, respectivamente, 7, 5 e 3 anos. Mesmo muito pequenos, eles foram corajosos e compreensivos nessa mudança. Enfrentaram o novo com valentia e, apesar da idade, pareciam entender a importância dessa jornada para mim.

Quero agradecer ao governador Ratinho Junior, por ter me dado a oportunidade de trabalhar pela Educação do Paraná, por ter me acolhido de braços abertos, por ter me dado autonomia, bons conselhos e muito apoio. Ratinho sempre foi um estrategista, dono de uma visão ampla que me ajudou muito nessa trajetória.

Ainda na esfera política, também agradeço ao Guto Silva, que foi secretário-chefe da Casa Civil. Ele foi um grande parceiro: conversava comigo todas as semanas e me ajudava na tomada de decisões. Guto também me ajudou a desenvolver vivência política, indispensável para quem ocupa um cargo de secretário.

Na seara técnica, sou grato ao Raph Gomes, que integrou minha equipe no primeiro ano de gestão. Raph é um grande gestor educacional que já havia construído uma história profissional sólida em Goiás. Ele me ensinou muito no período em que estivemos juntos.

Agradeço também à Claudia Costin, minha amiga e mentora. Ao longo do primeiro ano de gestão, tive encontro regulares com ela – a cada duas ou três semanas. Claudia me direcionava, jogando luzes sobre o caminho, como a verdadeira coach que é. Da mesma forma, agradeço ao Mozart Neves, com quem aprendi muito. Além de ter desempenhado a função de secretário de Educação em Pernambuco, Mozart é um educador e escritor que dispensa apresentações. Foi motivo de orgulho tê-lo por perto nas decisões do dia a dia e, principalmente, tê-lo como entusiasta do nosso trabalho.

Também sou profundamente grato ao meu eterno amigo Alexandre Ostrowiecki. Depois de anos trabalhando juntos, o Ale entendeu que meu caminho é diferente e que eu precisava seguir meu sonho. Tenho o privilégio de continuar me encontrando sempre com ele e contando com seu apoio inestimável. É incrível ter um amigo em quem se confia 100%, sobretudo quando essa pessoa é, assim como ele, um gênio.

Gostaria de agradecer à Cecília Motta, ao Fred Amancio, ao Vitor de Angelo, à Eliana Estrela e ao Rossieli Soares, todos craques da Educação. Também agradeço à Priscila Cruz e ao Olavo Nogueira Filho, do Todos Pela Educação; ao Davi Saad, do Instituto Natura; e à Camila Cardoso Pereira, da Fundação Lemann. Também sou grato aos meus amigos Carlos Alexandre Peres, Antônio Carlos Pacheco, Guilherme Ávila, Francisco Millarch, Tiago Moreno, Marcelo Iwakura e Luiz Antônio Alves.

Por fim, gostaria de agradecer a todo meu time da Secretaria de Estado da Educação e do Esporte do Paraná (Seed-PR), desde os meus diretores até os professores lá da ponta. Todos foram fundamentais nessa trajetória que levou o Paraná ao topo do Ideb. Celebremos!

SUMÁRIO

14 PREFÁCIO

20 APRESENTAÇÃO • Do chamado à oportunidade

42 PRÓLOGO • Para quem é a educação?

50 OS 14 PILARES

52 1º PILAR • Presença na escola: o uso de indicadores para uma boa aula

62 2º PILAR • Prova Paraná: a avaliação a favor do aluno

72 3º PILAR • Tutoria Pedagógica: o coach do diretor

80 4º PILAR • Chefes de Núcleo: o fim da indicação política

86 5º PILAR • Professor Formador: foco em quem ensina

94 UM BREVE PARÊNTESIS • Pandemia: o que aprendemos com o isolamento social

102 6º PILAR • Observação da Aula: o diretor como técnico do professor

108 7º PILAR • Material didático: o "diamante" que apoia os professores

116 8º PILAR • Super Gerenciamento: o suor do aluno na tela do BI

124 9º PILAR • Redação Paraná: tecnologia para escrever melhor

132 10º PILAR • Aplicativos: Inglês e Matemática na palma da mão

140 11º PILAR • Programação: o futuro é agora

148 12º PILAR • Novo Ensino Médio: saberes para a vida

158 13º PILAR • Educação Profissional: uma ponte com o mercado de trabalho

166 14º PILAR • Educa Juntos: o Estado como parceiro dos municípios

174 CONCLUSÕES

PREFÁCIO

por
Claudia Costin

Há muitos anos acompanho os desafios e as oportunidades que rodeiam aqueles que querem construir uma política educacional que realize um dos objetivos da Agenda 2030: garantir educação de qualidade para todos até o fim desta década. Esse desafio inclui assegurar que todos os jovens concluam o ensino médio com aprendizados relevantes e efetivos para os tempos em que vivemos.

É relativamente fácil criar pequenas ilhas de excelência, normalmente frequentadas por aqueles que vêm de famílias mais afluentes e que mobilizam o sistema político para ter acesso às melhores escolas públicas. O desafiador é, em um país em que a profissão de professor é pouco reconhecida

– e que não conta com instituições de ensino superior que preparem adequadamente os estudantes para uma das mais complexas profissões –, criar mecanismos para que haja avanços importantes em relação ao Objetivo de Desenvolvimento Sustentável 4.

O ODS 4, Educação de qualidade, foi assinado pelo Brasil e outros 192 países em 2015 e tem como meta ser cumprido até 2030. Ou seja, em sete anos, do momento em que escrevo este prefácio. É um desafio e tanto.

Neste sentido, quando Renato me pediu que eu o aconselhasse por meio de um processo estruturado de mentoria para que se preparasse para abandonar sua vida de empresário na área de tecnologia e se ocupar inteiramente da implementação de políticas educacionais, estranhei o interesse e expliquei que se tratava de uma área complexa e demandadora. Ele não só insistiu como foi bastante disciplinado no processo.

Há alguns anos, pouco depois que ele assumiu como secretário de Educação do Paraná, interrompemos o processo de mentoria sem deixar de conversar regularmente sobre seu trabalho. Mensalmente, almoçávamos juntos e discutíamos suas dificuldades, avanços e eventuais retrocessos, inclusive durante a pandemia. Conversei também com sua equipe e visitei escolas no estado. Como mentora de outros secretários estaduais e municipais, pude relacionar suas realizações com o que se passava em outras partes do país e avaliar de um ponto de vista estratégico e bastante privilegiado.

Acompanhei também os resultados do Ideb – índice que mede a qualidade da educação no Brasil – ao longo da sua gestão, tanto nos anos finais do ensino fundamental como do ensino médio, e tantas outras mudanças práticas e conceituais que ocorreram em sua gestão. Fiquei, portanto, feliz quando soube que ele estava colocando no papel suas reflexões sobre o que se passou nestes quatro anos.

Ao ler o livro, gostei do tom pessoal adotado, em que a descrição de seus esforços e desafios aparecem em linguagem simples, reconhecendo eventuais desacertos e evidenciando o importante papel da equipe, mas explicitando o que logrou construir no período.

E NÃO FOI POUCO. EM 2019, O PARANÁ DEU UM SALTO NO IDEB, CRESCIMENTO MAIOR QUE O DOS DEMAIS ESTADOS NO ENSINO MÉDIO. NA AVALIAÇÃO DE 2021, COM UMA PARTICIPAÇÃO MÉDIA MAIOR QUE A DOS OUTROS ESTADOS, CONTINUOU A MOSTRAR CRESCIMENTO IMPORTANTE TANTO NO ENSINO MÉDIO QUANTO NOS ANOS FINAIS DO ENSINO FUNDAMENTAL, EM QUE OBTEVE 10º LUGAR. ESSAS CONQUISTAS SÃO PROVAS DESSE SUCESSO QUE MERECE SER REGISTRADO.

Os segredos para esse sucesso? Trabalho em rede, avaliações unificadas, formação de professores por seus pares (professor aprende mais com o colega professor), não se limitar a trabalhar com os conteúdos que seriam cobrados nos testes, grande ênfase em leitura e produção textual e uso de tecnologias no processo de aprendizagem. Cabe também destaque ao uso inteligente de tecnologia para apoiar os professores, em suas aulas e no fornecimento de dados para avaliar e personalizar o processo de ensino-aprendizagem.

Mas o mais importante: o livro vem para registrar a evolução da rede como um todo quando há um trabalho próximo e em cadeia. Não há como se cumprir o que estabelece o ODS 4 sem monitoramento constante em equipe do trabalho de todos e sem corrigir rapidamente eventuais desvios da rota.

Com certeza esta é uma obra a ser lida e digerida por todos os gestores educacionais que enxergam, no desafio de liderar um time educacional, a possibilidade de garantir educação de qualidade para todos, sem exclusões.

APRESENTAÇÃO:
do chamado
à oportunidade

O chamado começou pequeno, quase um sussurro. Mas foi crescendo ano a ano, até que, entre o fim de 2016 e o início de 2017, se tornou impossível não ouvi-lo. Era claro e definitivo: eu queria viver para a Educação – com "e" maiúsculo. Olhando minha própria história em retrospecto, tudo fazia sentido. As pistas da vocação estavam visíveis ao longo de minha trajetória. Aceitei. Contudo, passar a me dedicar integralmente à Educação seria uma guinada aguda e me vi acometido dos receios que inevitavelmente precedem as grandes tomadas de decisão. Consultei minha mulher, Priscila, que é minha grande parceira e boa conselheira.

Ela me encorajou, de modo firme: "Vá em frente, Renato!" No dia seguinte, passei a mão no telefone, liguei para o então secretário da Educação do Estado de São Paulo e pedi que ele me recebesse para um cafezinho.

Em fevereiro de 2017, cheguei convicto ao histórico prédio da Secretaria, na Praça da República, onde ele me recebeu em seu gabinete. Nem bem o café foi servido, fui direto ao ponto:

"Secretário, eu quero muito trabalhar na Educação. Me dê um cargo, por menor que seja, que eu venho. Eu só quero trabalhar na Educação. Só isso", reiterei.

A reação do secretário foi um tanto teatral e muito emblemática:

"Você quer vir trabalhar aqui para ganhar mil reais por mês? Renato, aqui é a Secretaria de Educação. O manicômio fica a umas quatro quadras adiante", respondeu, em tom de gozação e fazendo referência a uma casa psiquiátrica que já funcionou no bairro.

Foram necessárias outras duas reuniões, já em meados de março, para que o secretário se convencesse de que eu falava sério: eu estava realmente disposto a integrar a equipe da Secretaria da Educação do Estado de São Paulo. Diante da minha persistência, ele acabou aceitando, ponderando que eu tinha características que poderiam contribuir com a pasta. Minha nomeação foi publicada no Diário Oficial em abril de 2017. O cargo: assessor técnico de gabinete do secretário, com uma remuneração pouco superior a 3 mil reais. Quando a notícia veio a público, muitos reagiram da mesma forma que o secretário quando fui pedir a oportunidade: pensaram que eu estava louco.

Não era para menos. Até então, eu era co-CEO da Multilaser, uma das dez maiores empresas nacionais de eletrônicos, com portfólio de mais de 3 mil produtos e faturamento anual superior a 2 bilhões de reais. Eu vivia, até então, uma rotina bem azeitada: morava na avenida Faria Lima e ia à Multilaser a pé. Lá, tinha todas as pompas de um executivo, dava entrevistas, participava de recepções e representava a empresa em eventos. Aos 39 anos, eu era o que podia se chamar de um empresário bem-sucedido. Abri mão de tudo. De uma hora para outra, passei a ir trabalhar de metrô até a Praça da República, sendo um simples assessor no serviço público. Tomavam-me por doido, mas meu coração queimava com a certeza de uma escolha certa. Eu mal dormia: vislumbrava projetos, me deslumbrava a cada descoberta, a cada aprendizado. Era a minha vocação. Mas para entender a dimensão que a Educação tem para mim, é preciso voltar um pouco atrás.

* * *

Eu ainda não era capaz de decifrar, mas o meu chamado para a Educação começou em 1995, aos 17 anos, quando me tornei monitor voluntário dos acampamentos de férias da sinagoga que eu frequentava, a Congregação Israelita Paulista. Sempre nos meses de julho e dezembro, nós levávamos um grupo de cerca de setenta crianças da comunidade para passar um período de quinze dias em um recanto bucólico em Campos de Jordão. Éramos sete monitores, e tínhamos a missão de preparar atividades lúdicas e educativas para a turma. Era uma imersão, uma jornada de conhecimento e aprendizagem. Lembro dos olhares das crianças, entre a inocência e a curiosidade, a cada avanço, a cada descoberta. Permaneci como voluntário dos acampamentos até meus 24 anos.

Um desses episódios não me sai da memória. Foi quando desenvolvemos uma atividade em que simulamos a Kristallnacht – a "Noite dos Cristais" – um dos mais tristes episódios de ascensão do nazismo, quando 267 sinagogas foram incendiadas e mais de 7,5 mil estabelecimentos comerciais foram saqueados na Alemanha, Áustria e na região dos Sudetos em 1938.[1] Nós, os monitores, nos paramentamos de policiais da SS, a polícia de Hitler, e as crianças interpretaram judeus perseguidos, identificados com estrelas amarelas. Tudo isso, em plena madrugada, das duas às quatro horas da manhã. Ao término da atividade, uma menina veio a mim e disse: "Agora, eu consigo entender o que minha avó passou". Educação é exemplo.

Em 2001, aos 23 anos, comecei a dar aulas de Matemática em um projeto social da Escola Vera Cruz, na Vila Leopoldina. Lembro de chegar pela primeira vez ao antigo prédio dos Correios – onde funcionava a escola –, imaginando que tipo de desafios encontraria na sala de aula. E a experiência não poderia ter sido

[1] O QUE foi a "Kristallnacht"? **About Holocaust**. Disponível em: https://aboutholocaust.org/pt/facts/o-que-foi-a-kristallnacht. Acesso em: 06 abr. 2023.

melhor: eram pouco mais de trinta alunos do 6º ano do ensino fundamental, provenientes de comunidades locais, todos com uma imensa vontade de aprender. Depois, também assumi uma turma da Educação de Jovens e Adultos (EJA). Tanto para as crianças, quanto para os adultos, ficou clara para mim a importância de se preparar a aula. Ali, se consolidou outra certeza que carreguei para a vida: Educação também é planejamento.

Paralelamente, eu aprofundava minha formação acadêmica. Graduado em Administração pela conceituada Fundação Getulio Vargas (FGV), fui admitido no mestrado em Economia na Universidade de São Paulo (USP). Aos 27 anos, com o diploma de mestre, comecei a lecionar em cursos superiores – fui professor na Hotec, Uniban e Mackenzie. Em todas, me dediquei à sala de aula com afinco, mas havia uma diferença em relação às minhas experiências anteriores: nas faculdades, todos meus alunos eram jovens na casa dos 20 anos. Eles já vinham formados, moldados. Foi ali que percebi que minha vocação era, realmente, a base da Educação. Quanto antes se começasse a trabalhar com alunos em um processo de excelência, maior seria a aprendizagem. A transformação que eu buscava estava ali na base. A verdadeira transformação.

Boa parte dessas experiências – a monitoria dos acampamentos da Congregação Israelita Paulista, as aulas voluntárias no Vera Cruz, o mestrado na USP e as aulas nas faculdades – se desenvolveram de modo concomitante ao meu trabalho na Multilaser. Comecei como co-CEO da empresa em 2003, a convite de Alexandre Ostrowiecki, o Alê, um velho amigo de infância da comunidade judaica. Falar sobre o Alê é fácil: trata-se de uma das pessoas mais brilhantes que conheci e que, ao lado dos meus pais, considero meu grande mentor. Ele tinha acabado de assumir o grupo, depois de uma grande perda familiar. Na ocasião, a Multilaser focava essencialmente a operação de cartuchos para impressoras e precisava de um novo modelo de negócio.

A minha parceria com o Alê se mostrou vencedora: ampliamos o portfólio de produtos, passando a produzir de tudo – celulares, notebooks, eletroeletrônicos, brinquedos etc. – e focamos o comércio varejista. Meu perfil profissional complementava o dele. A Multilaser passou a ter um crescimento médio de 40% ao ano e, em menos de uma década, chegamos ao faturamento de 1 bilhão de reais. E continuamos crescendo. Ah, mas por que eu conto isso aqui, se estamos falando sobre Educação? Porque, como veremos ao longo deste livro, eu "importei" muitos instrumentais do mundo corporativo para a gestão das escolas.

Entre 2010 e 2011, em meio a um bom momento da Multilaser, nós recebemos um convite para tentar salvar o Bialik, colégio de cerca de trezentos alunos que ficava em Pinheiros e que enfrentava uma crise severa: vinha operando no vermelho há algum tempo. Para o Alê, o desafio tinha certo apelo afetivo: ele tinha sido aluno do Bialik. Para mim, reerguer o colégio tinha a ver com o chamado que eu ouvia cada vez mais claramente. Abraçamos a causa, com o objetivo de fazer do Bialik uma referência. Para isso, eu precisava aprofundar minha especialização prática. Ponderei que seria preciso fazer uma imersão no mundo da Educação, em diversos aspectos. E assim foi.

***

Eu já vinha mergulhando alucinadamente em toda e qualquer literatura relacionada à Educação. Além de textos acadêmicos e estudos científicos, passei a ler com método e afinco obras que foram ampliando meus horizontes, reforçando convicções em alguns caminhos que eu já confiava ou, pelo contrário, me fazendo refutar outras propostas. Entre as leituras que me ajudaram a consolidar minhas percepções sobre Educação estavam três que tinham como foco os professores e, por conseguinte, a qualidade de suas práticas em sala de aula. São elas: *Aula nota 10*, de Doug Lemov,[2] que conduziu um importante estudo sobre a prática didática de docentes de excelência em todo o mundo; *Confessions of a bad teacher* [Confissões de um mau professor, em português], de John Owens,[3] que traz um olhar contundente sobre o sistema de Educação e *Building a better teacher* [Construindo um professor melhor, em português], de Elizabeth Green,[4] que derruba por terra o mito de "professor nato" e garante que a habilidade de ensinar pode ser desenvolvida.

Paralelamente, consumi muito conteúdo da Psicologia, principalmente livros que se centravam em mudanças de comportamento e de paradigma. Desta estante, estudei, por exemplo,

[2] LEMOV, D. **Aula nota 10:** 49 técnicas para ser um professor campeão de audiência. São Paulo: Livros de Safra, 2011.

[3] OWENS, J. **Confessions of a bad teacher**. Naperville: Sourcebooks, 2013.

[4] GREEN, E. **Building a Better Teacher:** How Teaching Works (and How to Teach It to Everyone). London: W. W.Norton & Company, 2015.

Inovação na sala de aula, de Clayton Christensen, Michael Horn e Curtis Johnson,[5] e inúmeros escritos da psicóloga Carol Dweck, uma das maiores autoridades no estudo do mindset –[6] que, bem a grosso modo, pode ser traduzido como o modelo mental que guia uma pessoa em suas atitudes e perspectivas de mundo. Esses dois eixos – boa aula e mudança de mentalidade – viriam a ser determinantes, posteriormente, na minha atuação como gestor educacional.

Enquanto avançava nos estudos, também passei a buscar *in loco* as melhores referências globais em Educação. Comecei pelo topo: a Finlândia, país em que fiz visitas técnicas a dez escolas da capital Helsinque para entender o segredo do sucesso. Posteriormente, por intermédio do professor Ricardo Geromel – autor do best-seller *O poder da China* –,[7] conheci outras dez escolas em Los Angeles, nos Estados Unidos. Mais que isso: pude conversar com o secretário de Educação de San Francisco, que me detalhou seu plano de trabalho. Também deflagrei incursões semelhantes no Canadá e em Israel, sempre com foco em entender quais eram os pontos fortes daqueles modelos educacionais e porque eles davam tão certo em suas realidades.

Quando comecei a fazer essas viagens técnicas, eu imaginava que encontraria superescolas, com salas hipertecnológicas,

---

[5] CHRISTENSEN, C.; HORN, M. B.; JOHNSON, C. **Inovação na sala de aula:** como a inovação disruptiva muda a forma de aprender. Porto Alegre: Bookman, 2012.

[6] DWECK, C. **Mindset:** a nova psicologia do sucesso. Rio de Janeiro: Objetiva, 2017.

[7] GEROMEL, R. **O poder da China:** o que você deve saber sobre o país que mais cresce em bilionários e unicórnios. São Paulo: Gente, 2019.

"padrão Nasa", com aquele aspecto futurista de filmes de ficção científica. Enganei-me completamente. O que constatei nos países que são reconhecidos como as maiores referências em Educação é que seus modelos partem de requisitos bastante simples: boas aulas, dadas com carinho, professores motivados e empoderados e currículos afinados às respectivas realidades. Em conversa com professores e secretários de Educação, eles ressaltaram esses pontos. Não havia grandes segredos, era o "arroz com feijão", só que bem feitos em todas as etapas do processo.

Também explorei o que o universo acadêmico tinha a oferecer. Tive uma experiência importante na Universidade Stanford, na Califórnia, em que permaneci como aluno-convidado do economista e professor Martin Carnoy, membro da Academia Internacional de Educação e um dos grandes expoentes da área. Ao longo de uma curta e intensa imersão de alguns dias, acompanhei Carnoy e sua equipe, e tive a oportunidade de ter contato de valor inestimável com dados comparativos de modelos educacionais do mundo inteiro. Mais uma vez, pude ver boas experiências e outras políticas educacionais que não deram tão certo.

Carnoy também compartilhou comigo uma observação interessante relacionada a uma mudança na percepção dos professores sobre a própria carreira. De modo geral, eles contemplavam uma progressão contínua do ponto de vista salarial. Ou seja, muitos profissionais aceitavam ingressar na carreira com um salário "inferior" pois estavam de olho nos aumentos consecutivos que teriam garantidos ao longo da vida em sala de aula.

Só que, na avaliação de Carnoy, a partir do século XXI, as pessoas passaram a ter um perfil mais imediatista: querem começar a carreira ganhando 4 mil dólares, ainda que não haja perspectivas de progressão tão elásticas. Com isso, ele apontou, a tendência é que ocorra, em âmbito mundial, um achatamento entre o nível salarial dos profissionais em início de carreira e aqueles perto da aposentadoria. Essa é uma análise que, posteriormente, eu levaria em conta, na minha trajetória como gestor em Educação.

Adiante, por intermédio da Fundação Lemann, tive uma semana intensiva na Universidade de Oxford, na Inglaterra. Mais do que ter contato com diversas vertentes acadêmicas de pesquisas educacionais, tive a oportunidade de ser recebido em audiências com ministros da Educação de diversos países, entre eles Chile, Coreia do Sul e Inglaterra. Ali, me senti alinhado à vanguarda mundial, pois muitos daqueles conceitos e políticas convergiam com a minha visão de Educação. Cada vez mais, eu pressentia que estava no caminho certo.

Embora estivesse me aprofundando em conceitos teóricos e mantendo contato com experiências empíricas bem-sucedidas em âmbito global, eu ponderava que só isso não bastava. Era preciso, em outra frente, também ter os olhos no futuro. E aqui entra uma característica que desenvolvi no mundo corporativo. Sempre fui antenado às novas tecnologias, convicto de que elas não são uma solução em si, mas que não podem ser desprezadas como ponto de apoio decisivo em diversos matizes, da gestão ao consumidor. Era preciso conhecer o que as principais companhias de tecnologia do mundo desenvolviam pensando em otimizar práticas didáticas e processos educacionais.

Com esse pensamento, tornei-me assíduo frequentador das principais feiras de Educação do mundo, como a Bett Show, realizada anualmente em Londres, e a Iste Conference & Expo, promovida pela International Society for Technology in Education (ISTE) [Sociedade Internacional para a Tecnologia da Educação, em português]. Nelas, além de estabelecer uma rede de contatos fabulosa, também tive acesso às tendências, a tudo que a tecnologia poderia oferecer de mais avançado ao universo educacional. Enquanto guardava cartões de visitas de professores, diretores, secretários de Educação e representantes das empresas de tecnologia, eu tomava nota de tudo o que percebia que poderia, posteriormente, ser aplicado na realidade das escolas brasileiras.

Vi muitas plataformas de conteúdo digital, que poderiam ser acessadas por tablets ou smartphones, óculos 3D, lousas virtuais e aplicativos de chamada. Havia desde projetores com múltiplas interfaces a soluções que, por exemplo, medem os impulsos cerebrais dos alunos, indicando onde ele deixou de prestar atenção. Tive contato com kits usados no ensino de programação, de robótica, e com softwares voltados ao aprendizado que, por meio de vídeos, exercícios, quizzes, slides e animações, auxiliam nas mais diversas disciplinas. Era uma infinidade de possibilidades que poderiam muito bem se adequar à nossa realidade. Depois de todos esses passos, eu percebia que tinha acumulado bons subsídios. Faltava pôr em prática.

***

Enquanto ainda começava a aprofundar minha imersão na Educação, ainda em 2009, em um ímpeto incomum, me inscrevi em um treinamento de quatro dias com o Navy Seal Team, a mítica tropa de elite da marinha dos Estados Unidos e um dos grupos militares mais respeitados no mundo. O programa do qual eu participaria era uma versão resumida da preparação dos Navy Seals, e era conhecido por um nome emblemático: "Semana do Inferno". Tratava-se de um curso de formação tão rigoroso que menos de 50% dos participantes acabavam aprovados. Quando contei à minha família e aos meus amigos que tinha me inscrito para passar pela "Semana do Inferno", as reações foram muito semelhantes à do secretário de Educação de São Paulo, quando disse que queria trabalhar com Educação: "Você está louco, Renato? Para que isso?".

Eu ainda não sabia apontar o motivo, mas tinha para mim que aprenderia muito com o desafio. Hoje sei que quando enviei a inscrição, eu não tinha ideia da dimensão das dificuldades. Estas começaram a se mostrar logo de cara. Mal chegamos ao campo de treinamento e tivemos um respeitável cartão de visitas: foram horas de exercícios seguidos, como flexões de braço, barras, corrida, abdominais e natação. Quando o dia chegou ao fim, eu pensava se seria capaz de aguentar até o fim da "Semana do Inferno". Ao longo do jantar – em que nos serviram uma gororoba qualquer –, eu me agarrava ao alento de que, em seguida, poderíamos dormir para recompor as energias. Que nada!

Nem bem engolimos o jantar e nos colocaram para correr (tempo de digestão para quê, não é mesmo?). Saímos em duas filas, cantando e correndo, enquanto um pensamento único pulava em minha mente: *Quando isso acaba?* Ao cabo de 5 quilômetros, por volta da meia-noite, chegamos a uma praia, onde pensei que finalmente descansaríamos. Eu estava errado. Em vez de barracas, o que nos esperavam eram pés de pato, máscaras e roupas de borracha. Sim, mesmo exaustos, nós cairíamos no mar, madrugada adentro.

Fomos para a água em grupos de oito pessoas. Cada grupo se subdividia em quatro duplas, que não deveriam se separar em hipótese alguma. Fomos nadando revezando estilos, tentando descobrir qual cansava menos. Uma hora depois, enfim avistamos o barco do Navy Seals. *Agora acabou!*, pensei. Mais uma vez, estava enganado. Aquele era apenas um ponto de passagem. Teríamos que nadar em direção a outro navio e, de lá, até a costa.

E lá fomos nós mais uma vez. Na metade desse segundo trecho, comecei a sentir câimbras terríveis. Em um movimento coordenado digno de filme, meu grupo alocou dois integrantes para me puxar pelo mar, enquanto outro membro alongava minhas pernas, para que eu tivesse condições de voltar a nadar logo. As câimbras passavam e logo voltavam em uma intensidade cada vez maior e mais frequente. Mas meu grupo jamais desistiu de mim e pude ir em frente.

Após duas horas e quarenta minutos de natação, desabamos na areia de uma praia. Eu respirava aliviado, mas logo fui trazido de volta à dura realidade: os Navy Seals nos convocaram para mais uma bateria de exercícios. E tome flexão de braços, barras e corridas. Às 4 horas da manhã fomos autorizados a dormir, completamente fatigados, molhados, machucados e muitos outros "ados" que já nem sou capaz de lembrar. Às 5h30 da manhã, após um longo e revigorante sono de uma hora e meia, fomos delicadamente acordados para recomeçarmos nosso dia com uma relaxante bateria de cem flexões.

Não vou descrever todos os dias da "Semana do Inferno", acho que já deu para você ter uma ideia. Basta dizer que o treinamento continuou com essa intensidade até o fim e que, além dos infindáveis exercícios, tivemos entre as atividades práticas de tática militar, tiro, sobrevivência, resgate de prisioneiros e liderança. Muito mais do que físicos, os desafios eram psicológicos. As dinâmicas simulavam com extrema realidade tiroteios, sequestros e interrogatórios, exercícios que nos colocavam uma pressão mental inimaginável.

"OK, Renato. Mas por que você está contando isso em um livro sobre Educação?" Resolvi relatar essa experiência porque a "Semana do Inferno" me revelou dois ensinamentos poderosíssimos. Em primeiro lugar, aprendi que nosso corpo e nossa mente são muito mais capazes do que podemos supor. Se eu soubesse tudo a que seria submetido no treinamento com os Navy Seals, jamais acreditaria que seria capaz de superar todos os desafios. Em síntese, nós nos subestimamos, talvez por estarmos em uma zona de conforto. O ponto é que cada ser humano pode ir muito além do que imagina.

Em segundo lugar, o programa evidenciou a importância do trabalho em equipe. Nós só conseguimos superar cada obstáculo, cada prova, cada atividade, porque estávamos em grupo. Sempre que alguém manifestava mínima intenção de desistir, recebia, imediatamente, o incentivo do time para insistir e permanecer. Por outro lado, sempre que olhávamos para o lado e víamos nossos colegas vencendo as tarefas, também nos sentíamos capazes. O espírito de equipe fazia surgir uma força de vontade maior, com foco no objetivo e no bem comum. Resiliência e trabalho em conjunto são dois dos pilares básicos em qualquer trabalho de gestão, inclusive quando o assunto é educação.

* * *

Voltemos ao ponto em que estávamos antes desse parêntesis. Paralelamente aos estudos em Educação e com base no que eu percebia nas incursões nos países referência, Alê e eu deflagramos uma ampla reestruturação no Bialik: mudamos o currículo escolar, trocamos a equipe de gestão, implementamos novos projetos e incluímos os pais na transformação da escola. O colégio deixou a antiga sede, em Pinheiros, e se instalou em um anexo do Clube Hebraica. Para marcar a transformação, também mudamos o nome para Alef, a primeira letra do alfabeto hebraico. Conseguimos consolidar um modelo de excelência e passamos dos novecentos alunos matriculados.

Todos os dias, eu ia ao colégio bem cedo, antes das 7 horas e ficava até a metade da manhã. Só então eu ia à Multilaser, onde continuávamos nossa trajetória de crescimento. De um lado, o Alef era um case de sucesso. De outro, a Multilaser chegava ao faturamento anual de 2 bilhões de reais. E no meio, o chamado que eu ouvia era cada vez maior. Foi nesse contexto que fui conversar com o secretário de São Paulo para lhe pedir uma chance na Secretaria da Educação do Estado. Para quem olha com os olhos do pragmatismo, eu poderia mesmo parecer louco. Mas aqueles que sabem o que é ouvir a vocação chamar, sabem o que eu senti.

***

Cheguei para o meu primeiro dia de trabalho na Secretaria da Educação do Estado de São Paulo disposto a fazer do meu período na pasta uma espécie de *trainee* para mim mesmo. Eu estava disposto a aprender. Queria levar comigo as experiências positivas e pensar em soluções para as eventuais disfunções que encontrasse pelo caminho. Nos primeiros dias, tive a sorte de conhecer Valéria de Souza, coordenadora pedagógica da Secretaria e doutora em Educação. Humildemente, apresentei a ela um pedido sincero: "Valéria, você me 'adota'? Eu quero aprender contigo". Generosa, ela aceitou. Logo ela, o coração da Secretaria. Era a coordenação pedagógica que gestava todo o material didático a ser usado nas mais de 5 mil escolas estaduais paulistas, além de definir as diretrizes pedagógicas de toda a rede.

Aprendi muito. Com a experiência exitosa na coordenação pedagógica, passei a circular por todos os departamentos da

Secretaria, sempre chegando ao coordenador com a mesma humildade: "Me adota?". Outra de minhas mentoras foi a Claudia Costin, que tem uma série de serviços inestimáveis prestados à Educação, inclusive na Organização das Nações Unidas (ONU). Passei a entender de legislação específica e da tramitação de projetos, compreendi o fluxograma e a hierarquia da Secretaria e aprendi as particularidades de cada departamento da pasta. Em poucos meses, já tinha visitado mais de quarenta escolas em todas as zonas da capital, do litoral e do interior.

Ainda nos primeiros meses, idealizei e executei um projeto de Business Intelligence (BI) – conceito bastante utilizado no mundo corporativo que consiste na coleta, processamento e análise de informações que dão suporte à gestão e à tomada de decisões. Neste caso, o BI que pus em prática compilava dados de frequência escolar e das provas gerais aplicadas trimestralmente na rede pública. Com isso, ranqueei as 91 diretorias de ensino, elencando indicadores que mostravam caminhos a serem trilhados do ponto de vista pedagógico e gerencial.

Fiquei intrigado com alguns caminhos que o mapeamento indicava. Uma questão, em especial, me inquietava: se todas as escolas tinham praticamente os mesmos recursos, por que umas eram tão melhores que outras? A diretoria de Taquaritinga, primeira colocada no ranking estabelecido pelo BI, chamou muito a minha atenção. As escolas da regional tinham notas acima de 6 no Ideb, o que equivalia a uma nota acima da média no Pisa, programa internacional de avaliação de alunos, de países desenvolvidos. A diferença essencial é que Taquaritinga fica em uma região em que o Índice de Desenvolvimento Humano (IDH) está abaixo da média nacional e boa parte dos pais dos alunos trabalhavam na lavoura como cortadores de cana-de-açúcar.

Visitei oito escolas de Taquaritinga, conversei com inúmeros alunos e dezenas de professores para entender o que havia de diferente. O que vi foi uma equação simples, mas que surtia efeito: os professores estavam motivados e afinados com as práticas pedagógicas propostas pelo Estado, grande foco nos alunos e as provas eram levadas a sério quando o objetivo era aferir o que a turma efetivamente aprendeu. Por um lado, tudo aquilo me soava mágico. Por outro, a resposta era simples: eles faziam o sistema funcionar. Em uma das escolas, o diretor chamou alunos de uma das turmas na quadra e eles apresentaram para mim uma canção que vinham ensaiando nas aulas de música. Em coro, cantaram "Era Uma Vez", de Kell Smith.[8] Eu me emocionei e chorei. Aquela escola funcionava. Aquelas crianças sabiam Matemática, dominavam Português, eram boas em Ciências e se dedicavam às Artes. Eu constatei em Taquaritinga o que eu tinha visto na Finlândia: que o essencial bem feito dá resultado.

O exemplo de Taquaritinga amplificou o meu chamado. Eu queria ir além. A experiência na Secretaria de Educação me explicitou tudo o que eu, como agente público, poderia fazer mais pela Educação. Custei um pouco a admitir para mim mesmo: eu queria me tornar secretário. No início de 2018,

[8] ERA uma vez. Intérprete: Kell Smith. *In*: GIRASSOL. São Paulo: Midas Music, 2018. Faixa 4.

confidenciei meu sonho à Priscila. Abri meu coração: "Pri, este ano tem eleição. Se eu fosse chamado para ser secretário de Educação de algum estado, você toparia se mudar para me apoiar nesse sonho?", perguntei. "Eu topo", ela respondeu sem nem pensar duas vezes.

* * *

Ainda antes do período eleitoral, fiquei de olho em estados em que eu pudesse dispor meu nome para ser secretário. No Paraná, embora eu ainda não o conhecesse pessoalmente, eu simpatizava com Ratinho Junior. Tínhamos pontos em comum, sobretudo por valores que ele defendia. Nosso primeiro contato se deu por WhatsApp: enviei uma mensagem me apresentando e dizendo que gostaria de tomar um café com ele. Em março de 2018, aproveitando uma viagem que fiz a Curitiba, encontrei-me com o então pré-candidato ao governo do Paraná. Ao longo de uma hora e meia, tivemos uma conversa leve, em que pude apresentar minha trajetória pessoal, empresarial e objetivos na área da Educação. Foi como se um canal tivesse se estabelecido entre nós, um link, uma conexão. O Ratinho Junior é um excelente ouvinte: ele escuta verdadeira e interessadamente o interlocutor. Até agosto de 2018, tivemos outros quatro encontros. Neles, coloquei meu nome à disposição para, eventualmente, ser chamado para ser secretário de Educação.

Ratinho Junior foi eleito em primeiro turno com 60% dos votos válidos. Exatos onze dias depois da eleição, em 18 de outubro de 2018, fui convidado para tomar um café da manhã na casa do pai dele, o apresentador Ratinho, na Zona Oeste de São Paulo. Cheguei pouco antes das oito e meia da manhã, fui recebido por eles em um clima de celebração. Tomamos café sem pressa, degustando pão de queijo com requeijão, ouvindo histórias do carismático apresentador. Depois, fomos continuar a conversa na sala. Lá, Ratinho Junior me olhou nos olhos e disse: "Renato, eu quero que você seja meu secretário de Educação". Eu quase caí para trás! Posteriormente, enviei ao governador um cartão em que relembrei daquele encontro: "Foi um dos cafés mais importantes da minha vida. Você me chamou na casa do seu pai e lá, após o café, fez o convite que iria mudar a minha vida: ser secretário de Educação do Paraná. Meu aceite foi rápido e em novembro já estávamos trabalhando na transição", escrevi.

De cara, percebi o quanto Ratinho Junior foi corajoso. Poucos ousariam me nomear secretário por três pontos básicos: eu não sou político, era um representante do setor empresarial e era alguém de fora do Paraná. Prometi para mim mesmo que faria jus ao voto de confiança do governador. Naquela transição de governo, já comecei a esboçar uma proposta concreta de trabalho. O Paraná era, então, o sétimo colocado no ranking nacional do Ideb. A minha proposta era ousada: queria chegar ao primeiro lugar. Essa era minha principal meta. Era para isso que trabalharia.

O essencial
BEM FEITO
dá resultado.

PRÓLOGO:
para quem é a Educação?

Victor tinha 10 anos quando se mudou com a família para Abatiá, município localizado no norte do Paraná. De acordo com a legislação brasileira, ele deveria estar alfabetizado desde os 8 anos, mas não foi isso que aconteceu. Ao chegar à rede estadual de Educação do Paraná, o menino – filho de uma dona de casa e de um caminhoneiro – não sabia ler nem escrever. Quando conversei com ele, Victor me contou que tinha dor de barriga antes de ir para a escola. Assim que a professora o chamava para ler um texto em voz alta, ele se negava. Victor tinha tanta vergonha que se fechou.

O garoto não tinha livros em casa, as desinteressantes revistas de supermercado eram o único material de leitura disponível. Ele cresceu em um lar em que as letras não estavam dispostas naturalmente. Ele só tinha a escola.

A professora não desistiu dele. Ao perceber suas dificuldades, ela leu alguns pequenos trechos com Victor. E, com o auxílio da Redação Paraná, plataforma de escrita que implementamos no estado, Victor começou a ler e a escrever! Em um ano, tinha evoluído significativamente. "No começo do ano, eu rezava para Deus me ensinar a ler e a escrever", me contou Victor. "Eu não queria ir para a escola, tinha vergonha de tudo. Mas a professora me ensinou a fazer redação e agora eu leio tudo, leio placa de mercado, embalagem de bolacha, tudo. Minha mãe tem orgulho de mim, meu pai também, não tenho mais vergonha de ir para o colégio", ele me disse, orgulhoso.

Victor me contou essa história ao lado da diretora da escola Afrânio Peixoto, onde ele estuda. Essa profissional observa de perto o trabalho dos seus professores, prática de acompanhamento docente que implementei para não deixar nenhum docente sozinho. Essa cadeia de relações permite que um apoie o outro: a professora fica ao lado do Victor, a diretora ao lado da professora. Filho do meio em uma família de quatro irmãos, Victor me contou que todos evoluíram muito desde que começaram a estudar na rede estadual. Agora, aos 12 anos, ele sonha mais alto. Quer escrever vinte redações em 2023 e, quando entrar no ensino médio, sonha em cursar agronegócio. Com uma maturidade incrível para a idade, ele sonha em dar aos pais a vida que eles nunca puderam oferecer plenamente aos filhos.

Outra história que me emocionou muito aconteceu em São José dos Pinhais, região metropolitana de Curitiba. Durante uma visita ao colégio São Cristóvão, que tem uma das melhores notas no Índice de Desenvolvimento da Educação Básica (Ideb) do Paraná, conheci o Gustavo, de 13 anos, a Rafaela, a Melissa, as duas de 14 anos, e o Pedro, de 16. Os quatro fazem parte do mesmo time de robótica no colégio.

Durante uma tarde amena de primavera, fui visitar a escola. Queria conhecer o trabalho do colégio em outra área: lá, eles possuem um importante projeto de busca ativa, que faz um acompanhamento bem próximo de cada estudante que falta às aulas. Mas, presencialmente, eu vi outra coisa. Eu observei como o ensino de Programação e Robótica não apenas prepara os estudantes para as profissões do futuro, mas como também mantém os alunos em sala de aula, abre seus horizontes e dá perspectiva.

Quando entrei no laboratório de Robótica, os alunos não deram a mínima para mim, fato que deixou a equipe gestora do colégio em estado de tensão. Sei que as minhas visitas criavam uma certa expectativa nas escolas. Afinal, todo mundo quer mostrar seu melhor lado para a Secretaria de Educação. Um dos lados mais prezados pela escola é a disciplina, a capacidade de fazer com que os alunos obedeçam às instruções de professores e diretores. Aqueles alunos estavam tão compenetrados no desafio de robótica e programação que simplesmente ignoraram a equipe gestora entrando na sala!

Então, me sentei ao lado deles para acompanhar a conversa. Eles estavam tensos, discutindo muito sobre o motivo pelo qual o robô deles não estava funcionando. O time preparou um varal automático para ajudar as próprias mães, quase todas donas de casa. Assim que o sensor identificasse um pingo de chuva, o robô recolheria as roupas automaticamente. Porém, por alguma razão, a máquina não fazia o movimento como eles queriam. Eu perguntei se podia ajudar. Eles me perguntaram se eu entendia de códigos de programação. Eu realmente não podia apoiá-los naquele momento... Embora eles tenham ficado frustrados com a minha resposta (e eu também! Quero aprender a programar!), sai de lá com o coração mais leve.

Valeu a pena toda briga para implementar essas aulas nas escolas. Aqueles alunos estavam fazendo um esforço genuíno para aprender, eles estavam se sentindo desafiados pela escola, estavam aprendendo de verdade. E, diferentemente do que diz o senso comum, a tecnologia não está à disposição deles, nossas crianças e adolescentes são consumidores de tecnologia por meio de aplicativos no celular, mas ainda não são protagonistas da própria vida digital. E nós precisamos mudar isso – no Brasil e no mundo.

Conversando com eles alguns meses depois, descobri que as aulas de Robótica tiveram um impacto muito maior do que eu poderia imaginar. Todos aqueles estudantes eram filhos de famílias pobres ou de classe média baixa. Seus pais são vendedores de loja, operários em uma montadora de automóveis, um deles era criado apenas pela mãe, que estava desempregada quando os conheci.

Naquele dia, todos eles me disseram que a robótica mudou a visão deles de futuro. Antes, achavam que teriam o mesmo destino dos pais. Hoje, como bem resumiu a Rafaela, "eu posso ser o que eu quiser! Inclusive engenheira na NASA!".

Essa empolgação com a escola também afeta o clima escolar. Todos os quatro falavam do professor de Programação e de Robótica como um herói, como uma das pessoas que eles mais admiravam na vida.

Fiquei com isso na cabeça. Há muita coisa que o Estado pode fazer para valorizar a profissão docente, mas uma das que menos se fala é como o apoio aos professores, com disciplinas modernas e suporte pedagógico eficiente, também faz a diferença. Aqui, vou citar o nome de uma professora: a Maria Fernanda Calvento, de 50 anos, engenheira elétrica argentina que dá aulas de Matemática e Educação Financeira na rede estadual do Paraná desde 2019. E, ao citar a Maria Fernanda, faço a minha homenagem a todos os professores do estado.

Ela leciona em Tibagi, pequena cidade do interior do Paraná, próxima a Ponta Grossa. A Maria Fernanda trabalhou a vida toda com comércio exterior, mas se sentia vazia. Durante uma crise profissional, já morando no Brasil há dez anos, ela decidiu dar uma guinada na carreira. Foi morar numa cidade menor e quis dar aulas na rede pública. Lá, ela se encontrou na Educação Financeira. E, lecionando a disciplina, encontrou o Leandro Matheus, de 17 anos.

O Leandro é de uma família pobre de Tibagi e, nas aulas de Educação Financeira, levava uma surpresa atrás da outra. Ele não sabia o que era poupança, por exemplo. Não sabia como organizar e guardar dinheiro para ir atrás dos seus sonhos. Mas ele aprendia rápido, como pude perceber ao conversar com o adolescente. Leandro quer saber de tudo: o que fazer para economizar, como driblar os juros altos, como se planejar para o futuro. E, durante as aulas de Educação Financeira, o assunto logo mudou. Não bastava economizar: era preciso empreender, fazer dinheiro. "Não quero que meus alunos sonhem baixo. Não é só guardar, é crescer", me contou Maria Fernanda.

Depois das aulas, Leandro trabalhava numa marcenaria. Com as lições que aprendia nas aulas, economizou dinheiro para comprar ferramentas. Com as ferramentas, ofereceu seus serviços para a comunidade escolar. "Hoje, ele é o marceneiro favorito da escola", brinca Maria Fernanda. "Ele está fazendo orçamentos para abrir o próprio negócio e, nesse processo, se encantou pela Matemática. Não sei se será marceneiro por muito tempo. Ele começou a querer mais, a sonhar mais", a professora me contou.

TODAS ESSAS HISTÓRIAS MOSTRAM QUE O FUTURO NÃO PRECISA ESPERAR E CONTRARIAM A VELHA PREMISSA DE QUE A EDUCAÇÃO É SEMPRE UM PROJETO DE LONGO PRAZO. OU SEJA, CAI POR TERRA A IDEIA DE QUE O TRABALHO DE UM SECRETÁRIO SÓ VAI DAR FRUTOS EM, NO MÍNIMO, UMA DÉCADA.

Essa ideia tem um lado bom e um lado horrível. O lado bom é que, sim, é verdade, o trabalho em Educação precisa de tempo para florescer. Não é fácil formar professores, implementar currículos e, em pouco tempo, ter uma rede ensino semelhante a dos países mais desenvolvidos do mundo. Quando as pessoas compreendem a força dessa ideia, especialmente aquelas pessoas distantes do campo da Educação, elas tendem a ser mais generosas com gestores que estão tentando fazer uma grande mudança.

Na minha despedida do Paraná, muitas pessoas me cumprimentaram com variações da mesma frase: "Renato, obrigado por planejar o futuro do nosso estado!". Muitas eram pessoas com quem tive embates difíceis nos meus primeiros anos de trabalho. Então, agradeço a elas pela paciência e profissionalismo mesmo nos momentos de discordância, pois elas agiram da maneira proposta pela nossa política educacional e fomos juntos colhendo os resultados.

Já o lado horrível dessa ideia nunca é debatido. Se o trabalho do secretário é para o futuro, o que nós fazemos com os alunos do presente? Estão todos condenados a ficar para trás? O João de 2022 tem menos direitos do que o Joaquim de 2032? Esse conformismo sempre me deixou indignado. Nós temos de perseguir as mudanças agora. Não podemos nos conformar com estudantes privados do prazer de estudar, do orgulho de construir o próprio futuro. As histórias que contei acima são um exemplo de que é possível ter grandes conquistas em pequenos espaços de tempo, trabalhando duro tanto pelos estudantes do futuro quanto pelos do presente. É possível melhorar, transformar e crescer no agora. O conformismo é o pior inimigo da Educação.

Ao longo deste livro, apresentarei 14 pilares, minhas ferramentas para mudar a Educação. Vamos lá?

OS 14 PILARES

Ao longo dos quatro anos da minha gestão na Secretaria de Estado da Educação e do Esporte do Paraná, implantei uma série de projetos e políticas públicas formuladas a partir de um plano que estruturei em conjunto com minha equipe e com o governador Ratinho Júnior. A nossa Política – com pê maiúsculo – se assentou em 14 pilares, que desenvolvemos de maneira coordenada durante a gestão.

Nas páginas que se seguem, eu detalho cada um deles, da preconcepção à implantação. De modo sincero, relato não só os acertos, mas também conto as falhas que cometi ao longo dos processos – Educação também é aprender com os erros. Também conto o que aprendemos no período desafiador da pandemia de covid-19. Com isso, espero que este livro sirva como um manual a quem vive da Educação ou para a Educação. Os temas abordados em cada capítulo são universais – ou seja, são políticas que podem, em maior ou menor grau, se adequar a qualquer realidade brasileira.

1º PILAR

PRESENÇA NA ESCOLA:
o uso de indicadores para uma boa aula

Quando pisei pela primeira vez na sede da Seed do Paraná, eu já tinha bem claras algumas políticas que gostaria de implementar para seguir o projeto de Educação que eu tinha em mente. Mas para esse plano de trabalho se concretizar, eu precisaria combater fenômenos ou práticas diretamente relacionados a uma pergunta aparentemente simples, mas que carrega uma série de nuances do processo de ensino e aprendizagem. Eis a questão: qual é o maior inimigo da Educação?

Desde que vi meu interesse pela Educação emergir, passei a me fazer essa pergunta de maneira reiterada. Se o aluno que está na escola quer aprender, se o professor quer lecionar, se os pais querem que os filhos aprendam, se as equipes de gestão – do diretor ao prefeito ou ao governador – querem que o processo seja bem-sucedido, o que tem dado errado? Por que os alunos ficam tantos anos em suas uma carteiras escolar e saem com tão baixo nível de Educação? Em 2019, menos de 35% dos alunos do 3º ano do ensino médio demonstraram aprendizado adequado em Português e apenas 7% em Matemática (e esse índice piorou em 2022, abaixando para 5%)[9]. O que explicava esses índices tão insatisfatórios? Onde estava o erro? O que estava jogando contra o processo de aprendizagem? Em síntese: qual é o maior inimigo da Educação?

Ao longo dos anos, enquanto essas questões reverberavam na minha mente, minhas experiências mostravam que a resposta era mais simples do que qualquer estudioso poderia supor. Nos colégios de excelência que visitei, da Finlândia às escolas estaduais de Taquaritinga, não havia grandes pirotecnias pedagógicas, nem sempre havia laboratórios de última geração, nem prédios novíssimos em folha. O que havia era o essencial bem-feito. Quando se tem a infraestrutura mínima necessária, a maior inimiga da Educação é, essencialmente, a aula chata.

Mais de 80% do processo de Educação corresponde às aulas expositivas. Se queremos um processo de Educação bem-sucedido, o

---

[9] APENAS 5% dos estudantes do ensino médio da rede pública têm aprendizado adequado em matemática, 31 nov. 2022. **CNN Brasil**. Disponível em: https://www.cnnbrasil.com.br/nacional/apenas-5-dos-estudantes-do-ensino-medio-da-rede-publica-tem-aprendizado-adequado-em-matematica/. Acesso em: 06 abr. 2023.

ponto central é ofertar ao aluno uma aula de qualidade, que estimule, que mantenha seu cérebro ativado e que o provoque a raciocinar e a pensar por si. Podem surgir contra-argumentos condicionantes: "Ah, mas naquela região o aluno não tem cultura de ir à escola", "Ah, mas aquela escola não tem uma boa infraestrutura", "Ah, mas os alunos passam pouco tempo em sala de aula". É claro que esses apontamentos dizem respeito a fatores importantes, mas todos poderiam ser minimizados ou mesmo revertidos se a aula for bem executada. O ponto essencial da Educação é: a aula precisa ser boa.

A cada dia, as 2,1 mil escolas estaduais do Paraná dão um total de 200 mil aulas por dia. Duzentas mil aulas! Se essas aulas forem bem dadas, se forem atrativas aos alunos, com uma boa interação com os professores, pronto: sucesso! O ponto mais importante no processo de Educação estará cumprido. Teremos o nosso essencial bem-feito – como nas escolas da Finlândia ou da região de Taquaritinga. O problema é que nem sempre isso ocorre, por diferentes e diversos fatores. Algumas aulas são terríveis, com professores desmotivados, sem comando sobre a turma, e isso também afeta a qualidade do aprendizado.

Como, então, se combate a aula chata? Por meio do apoio e da motivação ao professor. Pensando em todos esses dilemas, desenvolvemos em equipe um modelo que norteou o nosso trabalho na Secretaria. Esse modelo pode ser ilustrado com uma pirâmide invertida, que hierarquiza a cadeia de Educação. No topo, como elemento essencial, temos as aulas ou, de maneira mais direta, os alunos. Em seguida, vêm os professores. Depois, a escola. Na sequência, os Núcleos Regionais de Ensino. Por fim, a própria Secretaria.

É fácil entender a lógica da pirâmide invertida. Quem está abaixo deve oferecer subsídios de estímulo e apoio a quem está em cima. Note que, como secretário, eu sou o último elo nessa cadeia. Eu preciso olhar para o Núcleo Regional de Ensino e perguntar: "Núcleo, como posso te apoiar?". O Núcleo, por sua vez, tem que dar todo suporte a cada uma de suas escolas, que por sua vez precisam garantir meios para que seus professores deem uma boa aula. O foco é esse: toda a rede precisa estar empenhada a dar condições plenas para que o professor possa dar uma aula boa. Essa é a visão que norteia o nosso processo de Educação.

Ok, mas como saberemos se as aulas estão boas ou ruins? O professor, por mais transparente que possa ser, não vai conseguir sempre chegar ao seu diretor e comentar: "Puxa, hoje a aula não rendeu nada. Não consegui prender a atenção da turma naquela matéria de equações". Dificilmente o professor vai admitir que sua aula foi ruim ou que não foi tão boa quanto ele gostaria que fosse. Como, então, ter certeza se a pirâmide invertida está funcionando e, em consequência disso, estamos entregando boas aulas a nossos alunos?

A resposta está em um importante indicador da Educação: a frequência escolar. Considero que é uma relação direta: escola boa tem alto índice de alunos em sala de aula. Por outro lado, se a aula é chata, monótona, se a escola é mal gerenciada, a frequência baixa imediatamente. Escola com baixa frequência invariavelmente tem algum problema grave (ou alguns problemas graves) atravancando o processo de aprendizagem e ensino. Se uma escola está com frequência acima de 95%, temos que elogiar e garantir que mantenha esse índice. Já frequências abaixo de 90% indicam um alerta: são escolas doentes, onde a Secretaria precisa intervir. Percebe a importância desse indicador?

Com a convicção de que deveríamos acompanhar diariamente a frequência escolar, criamos o Programa Presente na Escola. Substituímos os antigos diários de classe – aquelas pastas antiquadas, com as listas de chamada e folhas de notas – por um sistema on-line, em que o professor faz os registros de classe por meio de um aplicativo de celular, informando cada falta e cada presença de modo virtual. Ou seja, as informações de frequência de cada turma das mais de 2,1 mil escolas são atualizadas em tempo real, abastecendo um Business Intelligence (BI) que pode gerar dados que dão subsídios para estratégias pedagógicas direcionadas e personalizadas. Ah, e todo esse sistema saiu do papel a custo zero, desenvolvido pela Companhia de Tecnologia da Informação e Comunicação do Paraná (Celepar).

Quando se tem a infraestrutura mínima necessária, a maior inimiga da Educação é, essencialmente,

A AULA CHATA.

Veja a diferença: antes do Presente na Escola, na era dos diários de classe físicos, as informações de frequência só eram repassadas aos Núcleos Regionais de Ensino depois do fim do trimestre. E tudo em papel. Até esses dados chegarem à Secretaria e serem compilados e tratados, já tinham se perdido meses importantes de ação. Por exemplo, se um aluno faltasse à aula em maio, só saberíamos em setembro, poderíamos ter perdido esse estudante de maneira irreversível e agora é possível ver o mapeamento na hora. Os diretores, pedagogos e coordenadores de Núcleo podem identificar problemas imediatamente e agir para corrigi-los quase que instantaneamente. Isso virou um frisson na rede. Os diretores entenderam a importância da ferramenta e começaram a estimular professores a aderir ao aplicativo.

Por outro lado, o programa também ajudou os educadores paranaenses a se tornarem campeões na busca ativa de alunos, minimizando a evasão escolar. Segundo dados do Censo da Educação, o Paraná fechou 2021 com o menor índice de evasão do país: 1,3% no ensino médio, mais de quatro vezes menor que a média nacional, de 5,8%. No ensino fundamental, o resultado foi ainda melhor. A evasão nas escolas paranaenses ficou em 0,6%. Em todos os cenários, fomos muito melhor do que os outros estados da região Sul, por exemplo.[10]

A frequência se tornou uma obsessão para a Secretaria. Eu entrei nessa pessoalmente. Era raro o dia em que eu não

---

[10] EM queda desde 2010, abando do ensino médio volta a crescer em 2021. **Fundação Roberto Marinho**. Disponível em: https://www.frm.org.br/conteudo/educacao-basica/noticia/abandono-do-ensino-medio-volta-crescer-em-2021. Acesso em: 06 abr. 2023.

acessasse o BI, olhasse as escolas que estavam indo bem e as que estavam em uma posição de risco. Estabelecemos um conjunto de metas para cada escola do Paraná, com o objetivo de melhorar a presença dos alunos em sala de aula. Era comum eu ligar para o diretor e estimulá-lo: "Ontem, sua frequência foi de 88%. Analisamos as escolas na sua região e elas estão com um índice melhor. Sua meta agora é de 90%. As turmas que estão atrapalhando a sua média, que estão com frequência abaixo, são as salas 6D e 8B". O Business Intelligence dá todo esse nível de detalhamento. É uma ferramenta incrível.

Com o Programa Presente na Escola conseguimos ampliar a frequência média da rede estadual de 85% para 91%. Isso significa 61 mil presenças a mais por dia nas aulas das escolas estaduais do Paraná. Fantástico, não é mesmo? Esse acompanhamento constante possibilitou estabelecer estratégias imediatas, de acordo com as necessidades e realidades de cada escola. Com isso e com outras políticas – sobre as quais falaremos adiante –, continuamos combatendo a aula chata, essa grande inimiga da Educação.

Porcentual médio de presença na rede estadual do Paraná, por trimestre

2018	Frequência média (%)
1º Trimestre	83%
2º Trimestre	85%
3º Trimestre	81%

2019	Frequência média (%)
1º Trimestre	86%
2º Trimestre	91%
3º Trimestre	88%

Fonte: Seed-PR

Taxa de abandono escolar no Ensino Médio (2021)

Paraná	1,3%
Santa Catarina	8,7%
Rio Grande do Sul	11,1%
Brasil	5,8%

Fonte: Censo da Educação

2º PILAR

PROVA PARANÁ:
a avaliação a favor do aluno

Ainda antes de assumir a Secretaria, ao mesmo tempo em que firmei convicção de que era preciso combater a aula chata, outra questão diretamente relacionada ao assunto me inquietava: por que as aulas de cursinhos pré-vestibulares são consideradas, em regra, tão melhores que as aulas tradicionais do ensino médio? A dinâmica é praticamente a mesma: um professor diante de uma turma de alunos, lecionando uma disciplina, conforme um plano pedagógico pré-estabelecido. O que explica a diferença de adesão entre as aulas tradicionais e as de cursinho?

Com base no que estudei e no que vi em *cases* de excelência, formulei uma teoria: na escola tradicional, a prova se tornou, ao longo dos anos, quase um instrumento de terror. É como se o professor usasse as avaliações contra o aluno – ou, ao menos, esse era o entendimento dos estudantes com quem conversei. Se ele não estudasse e fosse mal na prova, tomaria uma nota baixa, o que poderia soar quase como um castigo. Era uma lógica de temor que se interpunha à pavimentação de um caminho de confiança entre docentes e estudantes. Além disso, essa dinâmica também coloca o professor em uma posição confortável sob outro aspecto: se ele não leva determinado conteúdo à sala, basta não colocá-lo na prova.

No cursinho, a dinâmica é bem diferente: é como se o professor e o aluno fossem uma dupla, lutando em sintonia, juntos, contra a prova – no caso, o vestibular. O estudante se sente muito mais acolhido e motivado pelo professor, e passa a vê-lo como um grande parceiro cheio de empatia. Por outro lado, quem leciona esse tipo de aula não pode se dar ao luxo de deixar de abordar determinado conteúdo, já que tudo pode cair no vestibular. Professores e vestibulandos formam um time coeso. Eu queria trazer para as aulas tradicionais da Educação pública do Paraná justamente um modelo que estimulasse essa relação virtuosa entre docentes e estudantes.

O passo decisivo para isso seria transformar a prova em uma grande aliada do processo de aprendizagem. Afinal, era preciso aferir com agilidade e precisão o que os alunos estavam, efetivamente, aprendendo e em quais temas precisavam melhorar. Nós precisávamos mapear, de alguma forma, o nível de aprendizagem em cada ano, de cada escola, de cada Núcleo Regional de

Ensino, da nossa rede estadual inteira. Tudo isso de uma forma que o aluno pudesse compreender o objetivo dessa avaliação sequencial não como um instrumento inquisitório, mas como um método parceiro de avaliar o processo de aprendizagem. Sem isso, qualquer plano de Educação ficaria à deriva.

Nesse contexto, elaboramos a Prova Paraná, uma avaliação periódica aplicada a todos os alunos da rede estadual de ensino, do 5º ano do ensino fundamental ao 3º ano do ensino médio. Você pode dizer: "Está bem, mas qual a novidade disso? Avaliação todo mundo faz". Nós fomos muito além. Primeiro, porque a Prova Paraná foi concebida para ser uma avaliação universal à rede estadual, aplicada simultaneamente em todas as escolas. E mais: nossa iniciativa não se resume à simples aplicação da prova. Nossa proposta era que todos os resultados fossem digitalizados e compilados em um sistema de Business Intelligence que, na prática, nos fornecesse um raio-x da aprendizagem em toda rede, mostrando dados quantitativos e qualitativos dos níveis de aprendizagem em cada estudante, de cada ano, de cada escola, de cada Núcleo Regional de Ensino.

O detalhamento que propomos é ainda mais afinado. Cada questão da Prova Paraná é vinculada a um tema específico da base curricular daquele ano escolar. Com a compilação dos resultados é possível saber o percentual de alunos que errou determinada questão. Com isso, conseguimos aferir o desempenho dos estudantes em cada matéria, de cada disciplina. Por exemplo, o professor de Matemática do Colégio Estadual Reynaldo Massi, em Diamante do Norte, pode ver que sete alunos da sua turma no 9º ano erraram uma questão de funções de primeiro grau, o que indica a necessidade de reforço dessa matéria. O levantamento abre possibilidade para uma série de recortes, que permitem aos diretores e pedagogos traçar estratégias específicas de desenvolvimento. O BI mostra os pontos fortes e os fracos, onde estamos acertando e onde estamos errando. Para um bom gestor, esse nível de detalhamento nas informações é ouro!

PARA QUE A PROVA PARANÁ CUMPRISSE EFETIVAMENTE SEU PAPEL, NO ENTANTO, SERIA IMPRESCINDÍVEL QUE OS RESULTADOS DA AVALIAÇÃO FOSSEM DISPONIBILIZADOS COM AGILIDADE PARA QUE OS GESTORES PUDESSEM TRABALHAR. TINHA QUE SER RÁPIDO. PENSAMOS EM UM MODELO EM QUE OS PROFESSORES TIRASSEM FOTOS DOS GABARITOS DAS PROVAS PREENCHIDOS PELOS ALUNOS E OS ENVIASSEM POR UM APLICATIVO DE CELULAR, QUE FARIA A LEITURA E A COMPILAÇÃO DOS DADOS. A NOSSA IDEIA ERA DIVULGAR O RESULTADO EM POUQUÍSSIMOS DIAS, COM TODOS OS FILTROS QUE O BI PERMITE.

Idealmente, tudo estava afinado. Mas foi aí que tropeçamos. O sistema de leitura dos cartões de respostas dos alunos simplesmente travou. Os problemas se estenderam pelas três primeiras edições da Prova Paraná, aplicadas ao longo de 2019. Os professores e alunos queriam, com razão, saber das notas... e nada! Não tínhamos o resultado no prazo preestabelecido. Os dados demoraram mais de um mês para serem disponibilizados. Eu fui massacrado. Recebia cobranças diárias e, em alguns círculos, cheguei a ser motivo de piada. Mas eu estava convicto de que a Prova Paraná era um instrumento imprescindível à nossa política de Educação. Não deixei me abater. Arregacei as mangas e fui à luta.

No início de 2020, abandonamos definitivamente o aplicativo que fazia as correções das provas e que tinha sido desenvolvido por uma empresa privada. Essa era a raiz dos nossos problemas. Olhando para dentro, havia o nosso novo diretor de tecnologia, André Gustavo Garbosa – um profissional relativamente jovem, mas com dezesseis anos de experiência em TI e com muita visão e capacidade intelectual para o cargo. À frente da Diretoria de Tecnologia e Inovação (DTI), o André Gustavo teve carta branca para trabalhar em uma solução que garantisse a viabilidade da Prova Paraná. Assim, desenvolvemos o Corrige, um novo aplicativo que faria a leitura dos cartões de respostas dos alunos de toda a rede.

Nossa prova de fogo seria em fevereiro de 2020, quando aplicaríamos a primeira edição da Prova Paraná de 2020. Toda a equipe vinha trabalhando duro para corrigir os problemas do aplicativo anterior e fazer a iniciativa finalmente dar certo. Às vésperas da prova, eu vinha em um estado de nervosismo sem precedentes, chegando a perder noites de sono. Mas (ufa!) os resultados foram bem melhores! Conseguimos corrigir os bugs do sistema anterior e devolver as notas em um tempo adequado, com a agilidade que a nossa proposta exigia. Sob a batuta do André Gustavo Garbosa, corrigimos todos os lapsos tecnológicos, salvando o programa.

Nas edições posteriores, fomos aprimorando os processos. Hoje, em dezembro de 2022, quando escrevo este livro, a Prova Paraná funciona como um reloginho. E a avaliação foi ampliada. Quando começamos em 2019, os testes incluíam apenas as disciplinas de Português e Matemática. Agora, a Prova Paraná é aplicada em dois dias, e abrange todas as matérias. Todas! No primeiro dia, os alunos respondem a questões de Português, Matemática e Inglês. No segundo dia, os alunos do ensino fundamental fazem provas de Ciências da Natureza, Geografia e História, enquanto os do ensino médio são avaliados em Química, Física, Biologia, História, Geografia, Sociologia e Filosofia.

A cada edição, mais de 1 milhão de alunos fazem a Prova Paraná. Não existe aquela tensão de uma prova normal ou de um vestibular. Os estudantes sabem que vão realizá-la para testar seus conhecimentos e que esse instrumental vai ser usado no desenvolvimento de políticas para melhorar a qualidade de ensino. Em geral, vou pessoalmente conferir a aplicação da prova em alguma escola e sempre acabo me emocionando. É leve. Não existe aquele temor usualmente relacionado à palavra "prova". Desde cedo, os alunos começam a ver a avaliação como uma aliada no processo de aprendizagem. O clima é muito gostoso.

O passo decisivo para isso seria transformar a prova em uma **GRANDE ALIADA** do processo de aprendizagem.

Após uma das aplicações da Prova Paraná, fiz uma visita técnica ao Colégio Estadual Yvone Pimentel, em Curitiba. Lá, vi um bom exemplo de como se trabalhar com os resultados apontados no teste. Os professores tinham levado o feedback da avaliação tão a sério que tinham preparado conteúdos específicos para trabalhar em sala com base no que os resultados indicaram. Tudo exatamente como tínhamos idealizado quando desenvolvemos a Prova Paraná. Adriana Kampa, diretora do Yvone Pimentel na época, acabou, posteriormente, assumindo a nossa Diretoria de Planejamento e Gestão Escolar, na Secretaria.

Para efeitos de comparação, trago alguns números importantes. Entre 2015 e 2018, os alunos da rede estadual do Paraná passavam por uma grande avaliação a cada dois anos. A partir de 2019 – excetuando-se o período de pandemia –, os alunos fizeram seis grandes avaliações por ano. Considerando que cada edição da Prova Paraná é aplicada em dois dias, os estudantes passaram a fazer doze vezes mais provas do que na gestão anterior. Essa experiência contínua fez com que eles se acostumassem às avaliações e a vê-las como aliadas no processo de aprendizagem e não mais como algo a se temer.

A Prova Paraná foi determinante para coroar o nosso avanço Ideb. Em novembro de 2019, os alunos foram submetidos ao exame nacional, mas o resultado só saiu em setembro de 2020. E o Paraná deu um salto, tanto no resultado do ensino fundamental quanto no do ensino médio. Colamos nos líderes. Em 2022, veio a consagração: chegamos ao topo do ranking, ostentando o maior Ideb do Brasil!

> **AQUI, É PRECISO DETALHAR O TAMANHO DESSA CONQUISTA. HÁ DEZ ANOS, EM 2013, O PARANÁ OCUPAVA A OITAVA POSIÇÃO NO RANKING DO IDEB, COM 3,4 PONTOS. NOS ANOS SEGUINTES, O ESTADO POUCO AVANÇOU. QUANDO ASSUMIMOS A SECRETARIA, O ÍNDICE ERA DE 3,6 PONTOS, O QUE NOS COLOCAVA NA SÉTIMA COLOCAÇÃO. EM UM ANO, JÁ SUBIMOS PARA 4,3 PONTOS, ATÉ CHEGARMOS AO TOPO EM 2021, COM O ÍNDICE DE 4,6. NOTE BEM: EM DOIS ANOS, AVANÇAMOS UM PONTO NO PRINCIPAL INDICADOR DE EDUCAÇÃO DO PAÍS. É UMA VITÓRIA E TANTO.**

O resultado provou que estávamos com razão em insistir nesse caminho. Mesmo com os problemas técnicos na divulgação dos resultados lá em 2019, a Prova Paraná já estava dando certo e colhendo os primeiros resultados. Já estava criando em nossos alunos a cultura de avaliação constante como um ponto positivo no aprendizado ao mesmo tempo em que dava a professores e gestores subsídios para otimizar os recursos e corrigir deficiências. Até hoje o gabinete tem um local de destaque para o troféu comemorativo do primeiro lugar no Ideb.

3º PILAR

TUTORIA PEDAGÓGICA:
o coach do diretor

Nos primeiros dias de nossa gestão, assim que definimos o modelo hierárquico da pirâmide invertida, outra pergunta passou a me inquietar: "Como os Núcleos Regionais de Ensino (NREs) podem ajudar as escolas a cumprir seu papel?". Eu estava convicto de que esse apoio teria de ser constante, sistemático e o mais prático possível. Precisaríamos criar um canal entre os Núcleos e as escolas que se concretizasse como um fluxo de estímulo ininterrupto, alinhando políticas, auxiliando no planejamento e cobrando resultados. Vislumbrei um agente que atuaria, na prática, como um tutor das escolas.

Levei o conceito que eu imaginava ao meu time e as ideias convergiam. O meu então superintendente de Educação, Raph Alves, tinha sido o braço direito do secretário de Educação de Goiás, Thiago Peixoto, que tinha implantando um projeto semelhante ao que eu idealizava – e que tinha sido decisivo para que os goianos fossem, então, os primeiros no (Ideb) em 2020. Paralelamente, aqui no Paraná, o NRE da Área Metropolitana Norte desenvolvia um trabalho de consultoria pedagógica às suas escolas vinculadas que continha as bases do que eu queria para toda a rede. As ideias estavam no ar, faltava apenas tomar forma.

O que eu vislumbrava era maior, mais abrangente e mais sistematizado, mas os exemplos de Goiás e do NRE da Metropolitana Norte me animaram. Era por ali que deveríamos seguir. Nesse contexto, criamos um programa chamado Tutoria Pedagógica, que funcionaria como ponte entre os Núcleos e as escolas, prestando consultoria pedagógica continuada. Com base em nossos indicadores, deflagramos um estudo interno que definiu que, para obtermos os resultados que esperávamos, cada tutor teria condições plenas de acompanhar sete escolas. Com isso, precisaríamos de 302 profissionais para cobrir as 2,1 mil unidades escolares da nossa rede. Mãos à obra!

Passamos a selecionar os tutores – que poderiam ser professores ou pedagogos –, privilegiando os profissionais que tivessem um perfil pedagógico amplo, alinhados a características que considerávamos fundamentais: o tutor precisaria ter habilidades em gestão de pessoas, entender de dinâmica de sala de aula e, é claro, ser um expert na área pedagógica. Entrevistamos candidatos em cada NRE e, posteriormente, fizemos um treinamento dirigido para habilitar esses professores ou pedagogos a atuarem como tutores e como nossos representantes no processo, de acordo com as bases que havíamos concebido.

Mas, na prática, como funciona esse trabalho? Vamos explicar um pouco melhor. Toda semana, cada tutor visita cada uma das sete escolas que estão sob seu acompanhamento pedagógico. Ele se reúne com o diretor e a equipe pedagógica, participa do planejamento pedagógico de curto prazo, dá feedbacks e, principalmente, apoia o time da escola no que for preciso. Verifica, por exemplo, como está a frequência dos alunos, como a escola tem se saído na Prova Paraná, como está a hora-atividade dos professores... e por aí vai. De olho nos dados do BI, o tutor pode ajudar a equipe escolar a corrigir rumos – por exemplo, auxiliar na elaboração de um plano para melhorar a frequência ou o desempenho dos alunos após uma avaliação desfavorável – até questões mais práticas, como acompanhar uma aula com o diretor.

Também a cada semana, os Núcleos fazem reuniões com seus tutores, avaliando resultados, definindo estratégias e metas. É um trabalho cíclico, que tem dado certo. E talvez a chave do sucesso tenha sido a forma como concebemos esse posto. Desde o início, falávamos para os tutores: "Você não pode se comportar como um chefe do diretor da escola, mas como quem está lá para apoiá-lo, para estimulá-lo, para contribuir com que a escola alcance seu melhor desempenho". Em uma analogia afinada aos dias de hoje, o papel do tutor é ser um coach do diretor. E assim foi. Os diretores entenderam. Antes do Tutoria, eles gastavam 80% de suas horas de trabalho imersos em questões administrativas. Com a figura do tutor, os diretores voltaram seu olhar aos aspectos pedagógicos de sua escola. E esse era o ponto crucial.

Ao mesmo tempo, o Núcleo acompanha de perto a ação dos tutores. Após cada visita, eles elaboram um relatório que contém os pontos positivos e negativos do encontro, as ações propostas e as metas daquela escola para a próxima semana. Cada relatório integra uma base de dados gigantesca que mantemos: são 2,1 mil relatórios por semana! Com isso, podemos ter uma visão mais abrangente de como o trabalho está se desenvolvendo, ao mesmo tempo em que conseguimos avaliar individualmente o andamento de cada escola. Temos o Tutoria na palma da mão.

Para chegar a esse resultado, é claro, precisamos afinar o time de modo contínuo. Por isso, apostamos em oficinas realizadas mensalmente. Esses encontros são conduzidos longe de um modelo sisudo, como se os tutores fossem assistir a uma aula de filosofia pedagógica. Pelo contrário. Essas oficinas transcorrem de maneira fluida, estabelecendo um canal de diálogo com os tutores: nós precisamos ouvi-los como eles ouvem os diretores. Nos treinamentos há também muita "mão na massa". Os tutores são estimulados a refletirem sobre seu papel e a pensar em soluções práticas.

Além disso, os tutores também celebram resultados. Em Guarapuava, por exemplo, um tutor prestava consultoria a uma escola que estava com problemas de atrasos e faltas de alunos, provocados por falha na logística do transporte escolar. E ele solucionou a questão de modo simples: em conjunto com a equipe gestora da escola e dos familiares dos estudantes, ele criou grupos de WhatsApp em que os motoristas de ônibus compartilhavam informações do deslocamento em tempo real. Com essa medida simples, os estudantes que estavam perdendo o ônibus passaram a embarcar na hora certa. O índice de faltas caiu de 19% para 3%. Foi o olho do tutor!

Outra iniciativa que chamou muita atenção ocorreu em Paranaguá. Lá, o tutor de uma das escolas desenvolveu um programa em que alunos que se destacam em determinada disciplina podem atuar como monitores no contraturno, explicando as matérias aos colegas. A proposta também trabalha a autoestima e o protagonismo dos participantes: eles usam bottons de identificação em que se lê "Eu sou aluno monitor". E é muito bonito ver o orgulho com que eles ostentam essas verdadeiras insígnias.

Em Londrina, um tutor, com extrema sensibilidade, percebeu o empenho de uma merendeira para oferecer um lanche maravilhoso aos alunos. Ele passou a elogiar o trabalho dela e, percebendo o quanto aquilo a estimulava, incentivou nossa profissional ir além: ele criou uma conta de Instagram em que, todos os dias, a nossa merendeira posta qual é o cardápio do dia. Não só a comunidade escolar, mas também pessoas de fora passaram a reconhecer e admirar o trabalho dela. Uma ideia simples que teve um impacto muito positivo para o ambiente escolar.

Os tutores são estimulados a refletirem sobre seu papel e a pensar em **SOLUÇÕES PRÁTICAS.**

Esses foram alguns exemplos emblemáticos, mas em um aspecto mais amplo a figura do tutor nos ajudou a consolidar a nossa política educacional. Hoje, por causa do Tutoria, os diretores escolares estão atuando sob uma perspectiva muito mais pedagógica, alinhada à proposta da Secretaria. Os diretores estão indo mais às salas em busca do que podem usar no acompanhamento aos seus professores e estão mais maduros a apoiar efetivamente os docentes para que estes tenham condições de dar uma boa aula (olhe o combate à aula chata aí!). Por outro lado, os professores compreenderam que os diretores não queriam "bisbilhotar" quando iam à sala assistir a uma aula. Era para orientar em busca de um desenvolvimento da escola como um todo.

Convém ressaltar que até 2018, as escolas eram visitadas apenas esporadicamente ou quando havia alguma intercorrência grave que demandasse a presença do Núcleo ou da Secretaria. Com o programa Tutoria Pedagógica, as escolas passaram a ser visitadas com frequência: quinzenalmente, em 2019 e 2020; e semanalmente, a partir de 2021. O programa provocou uma mudança de cultura em toda a rede escolar, uma mudança que veio para ficar. O resultado visível é que o Tutoria fortaleceu o elo entre Secretaria, Núcleos e escolas. Todos estamos falando a mesma língua. "E isso teve alguma relação com o sucesso do Paraná no Ideb, Renato?". É claro que sim. A convergência foi essencial para chegarmos ao topo.

4º PILAR

CHEFES DE NÚCLEO:
o fim da indicação política

Como vimos na pirâmide invertida que sistematiza o nosso plano de ação, os Núcleos Regionais de Educação (NREs) têm papel determinante no desenvolvimento escolar ao fazer a ponte entre as políticas estabelecidas pela Secretaria e as escolas que estão sob seu escopo. São eles que representam a Secretaria em cada uma das 32 microrregiões do estado. Mais que isso: eles têm a função de orientar, apoiar, acompanhar e avaliar as escolas no que diz respeito a tudo que é proposto e estabelecido por nossas diretrizes de Educação. Trocando em miúdos, os NREs são a cara e o pulso da Secretaria em cada localidade. Perceba a importância dessas estruturas para qualquer plano de Educação em âmbito estadual.

Assim, não é preciso nem dizer que os chefes de cada um dos Núcleos têm que, necessariamente, ter um perfil técnico e estar extremamente afinado à filosofia de trabalho da Secretaria. Ocorre que – e aqui deixo claro que não é algo exclusivo do Paraná – esses cargos historicamente vinham sendo preenchidos a partir de indicações políticas, principalmente advindas de deputados. É óbvio. Trata-se de uma posição importante. Um político que detivesse um indicado em um NRE exerceria certo poder em toda a comunidade escolar daquela microrregião. Mas para que o Núcleo funcionasse perfeitamente e cumprisse seu papel de apoiar as escolas vinculadas a si, nós precisávamos quebrar essa tradição prejudicial ao que se espera do serviço público. Precisávamos de chefes de Núcleo com perfil técnico e o mais importante: politicamente independente.

Eu sabia que não seria fácil, afinal se tratava de uma prática arraigada nacionalmente. Os políticos certamente resistiriam a perder essa fatia de poder que chegava até os menores dos municípios. Apesar disso, eu estava convicto de que era preciso mexer nesse vespeiro. Ainda em dezembro de 2018 – antes mesmo do início da nossa gestão –, apresentei esse dilema ao governador Ratinho Junior, em uma reunião da qual também participava o então futuro secretário-chefe da Casa Civil, Guto Silva. Após compartilhar minhas angústias em relação a essa dinâmica, argumentei que era imprescindível acabarmos com as indicações políticas. Os Núcleos eram estratégicos para o grande salto que almejávamos e precisávamos dos melhores chefes possíveis.

"Governador, sem isso, eu não vou conseguir cumprir o plano. Nós precisamos de diretores selecionados a partir de critérios técnicos" reiterei. "Renato, fui eleito para fazer diferente, focado em resultados. Vamos, sim, fazer o processo seletivo" respondeu Ratinho Junior. O Guto também apoiou a decisão. Era tudo o que eu queria ouvir.

Com o aval do governador e da Casa Civil, lançamos um processo seletivo transparente, com apoio da Fundação Lemann e do EloGroup, voltado a escolher profissionais com o perfil que precisávamos. Nós buscávamos, preferencialmente, candidatos que tivessem sido diretores escolares, que obtiveram avanços no Ideb em seus colégios e que tivessem conseguido transformar sua comunidade por meio da Educação. Mais ainda: nós queríamos líderes com coragem, que estivessem dispostos a apoiar as escolas com determinação, ainda que tivessem que, eventualmente, se desgastar ao insistir em mudanças que garantiriam a melhoria das escolas.

Com o edital aberto, qualquer diretor poderia se candidatar. O processo foi intenso – incluiu prova, análise de currículo e entrevista –, mas transcorreu rapidamente. No fim de janeiro de 2019, fizemos as entrevistas com os pré-selecionados. Ao longo das bancas, o que o então superintendente de Educação da Secretaria, Raph Gomes, e eu queríamos era constatar se aquele candidato entendia de Educação de uma forma ampla: se ele combatia a aula chata; se, como diretor, costumava assistir as aulas de seus professores; se ele tinha energia e entusiasmo para transformar e motivar sua equipe. Em síntese, buscávamos dois elementos primordiais: coragem e liderança.

Por um lado, alguns dos deputados que perderam essas posições de poder estavam bastante insatisfeitos. Mas, por outro, o respaldo do governador nos conferiu tranquilidade para seguirmos adiante. Começamos o ano letivo de 2019 já com os chefes de Núcleo que selecionamos e hoje vejo que eles foram peças fundamentais para implantar as políticas que tínhamos planejado. Os chefes foram essenciais, por exemplo, na questão da frequência escolar, já que também estabelecemos metas para esse quesito em cada NRE.

De cara, tivemos exemplos muito bons. Selecionamos bons diretores que se tornaram ótimos chefes de Núcleo e que promoveram uma mudança positiva graças ao perfil de coragem e liderança que almejávamos. Ponta Grossa, Foz do Iguaçu e Toledo se tornaram bons modelos nesse processo. Talvez o caso mais emblemático seja o de Londrina. A chefe do Núcleo de lá, Jéssica Elizabeth Gonçalves Pieri, não ia se inscrever para o edital porque achava que a seleção continuaria ocorrendo a partir de critérios políticos, como sempre tinha sido até então.

"Renato, eu tinha certeza de que não seria chamada. Eu sempre fui uma diretora dedicada, mas não conhecia nenhum deputado, nenhum prefeito. Eu não era a indicação de nenhum político. E há vinte anos a chefia de Núcleo sempre tinha sido por indicação. Eu só acreditei quando passei e fui chamada. Só ali é que eu tive certeza de que foi um processo seletivo de verdade, mesmo" contou-me a Jéssica, um pouco depois de assumir como chefe do NRE de Londrina.

É claro que nem sempre conseguíamos acertar de primeira. Em algumas microrregiões nós também tropeçamos. Selecionamos chefes que não tinham o perfil que imaginávamos ou que não apresentaram bons resultados. Mas – o mais importante – nós não mantivemos compromisso com o erro. Os escolhidos que não performavam como esperávamos, que não ostentavam o espírito que queríamos, eram trocados. E fomos trocando até acertar, até termos a certeza de que aquele Núcleo Regional de Educação estava se desenvolvendo com o chefe cumprindo seu papel.

Após quatro anos de gestão, eu tenho certeza de que acabar com as indicações políticas foi fundamental. Até então, os chefes de Núcleo não viam o secretário como seu superior hierárquico: eles viam o deputado que fez a indicação como chefe e prestavam contas ao responsável por sua indicação. Veja que disfuncional! Sem os chefes de Núcleo atuantes, de perfil técnico e afinados com a Secretaria, nós não teríamos conseguido implantar as políticas que queríamos nem alcançar as conquistas os avanços que projetávamos. Eles foram muito importantes. Valeu a pena mexer no vespeiro.

5o PILAR

PROFESSOR FORMADOR:

foco em quem ensina

Quando comecei a dar aulas de Matemática como voluntário em um projeto social na Escola Vera Cruz, em São Paulo, tive a percepção de que a docência é um ofício solitário, e aquilo me inquietou. "Como assim, Renato? E os estudantes?". É claro que o professor se relaciona com uma sala de aula cheia de alunos. Ou seja, está cercado de pessoas com as quais interage. Não me refiro a esse conceito de solidão. Minha reflexão se dá em outro sentido. O que eu quero dizer é que naqueles cinquenta minutos que duram uma aula, o professor só tem a si mesmo. Ele, o giz e a lousa. Em regra, desde que põe o pé pela primeira vez numa sala, o docente não se dá conta de que, dali até a aposentadoria, ele dará cerca de 30 mil aulas. Em todas estará sozinho diante de uma turma de alunos.

Assim que aprofundei meus estudos em Educação, tive a confirmação de que minha percepção sobre a "solidão" do professor brasileiro estava correta. Um dos grandes *cases* que estudei a fundo e que consolidou minha convicção foi o Japão. Lá, diferentemente do Brasil, quando um professor se forma, ele não pega o diploma e vai, de imediato, assumir uma sala de aula sozinho. Ele passa quatro dias da semana acompanhando outros professores, que atuam como seus tutores. Ou seja, o professor recém-formado não está desamparado. Ele aprende as dinâmicas do dia a dia da sala de aula com um par: com um colega que está no mesmo nível hierárquico. Dá para dizer que o professor aprende a dar aulas com outro professor.

A "solidão" do nosso professor e esse aspecto específico do modelo japonês nos inspiraram a criarmos aqui no Paraná o Professor Formador. Concebido pelo nosso diretor de Educação a partir de 2020, Roni Miranda Vieira, e por mim, o programa parte de um conceito simples: acompanhar o docente a apoiá-lo de maneira prática para que ele tenha condições plenas de dar uma aula melhor. Para isso, selecionamos os nossos melhores professores em didática, que já eram muito bons em sala de aula, para atuarem como formadores de outros colegas que precisam melhorar em aspectos práticos. Semanalmente, cada formador dá aulas on-line a uma turma entre doze a quinze professores, chamados cursistas. Na prática, os formadores treinam os cursistas para as aulas que estes vão ministrar aos estudantes na semana seguinte. É um acompanhamento contínuo.

Vamos a um exemplo. O professor formador de Matemática vai abordar equações de 2° grau com seus cursistas, de olho nas aulas da semana seguinte, conforme o calendário preestabelecido pela Secretaria. Ele apresenta uma proposta de aula sobre o tema, pede opiniões aos colegas, ajuda a dirimir dúvidas pedagógicas relacionadas à matéria – apontando a melhor forma de abordar o conteúdo em sala. Enfim, é uma construção coletiva da aula que será dada aos alunos, em um processo conduzido pelo formador, mas que tem participação direta de todos os cursistas. É um modelo essencialmente prático, voltado a apoiar os docentes na dinâmica de sala de aula. Na semana seguinte, o formador pega os feedbacks dos cursistas: "Como foi a aula? O que propusemos funcionou em sala?". E assim, sucessivamente.

Em outra frente também trabalhamos a gestão de sala de aula. Os cursistas aprendem a lidar com questões práticas da docência: engajar o aluno, reter a atenção da turma, lidar com casos de indisciplina, identificar a forma de intervenção mais eficaz, enfim, tudo que acontece no dia a dia de um professor. Esse segmento de atuação do Professor Formador foi fundamental, por exemplo, na retomada das atividades presenciais pós-pandemia do novo coronavírus, em que muitos alunos tiveram dificuldade para se readaptar à rotina escolar.

Com o passar do tempo, a partir de nossas análises e indicadores, constatamos o que estava na essência do Professor Formador desde o início: o programa funciona, mesmo, como uma formação continuada. Temos muitos docentes que eram excelentes em teoria, mas que tinham dificuldade de lecionar, de levar o conteúdo aos alunos de modo atraente e interessante. A partir desse treinamento sistemático, esses professores também passaram a ser melhores na prática de sala de aula. Os cursistas reconhecem os avanços. Eles têm valorizado esse processo porque o programa lhes dá ferramentas para que tenham condições de, efetivamente, dar uma aula melhor.

Desde o início, o alcance do Professor Formador vem se ampliando. Quando foi lançado, o programa era voltado às disciplinas tradicionais, como Matemática, Português, Inglês... Agora, todas as matérias da grade estão contempladas. Os cursistas podem se inscrever nas disciplinas que quiserem, de acordo com as próprias necessidades. Por exemplo, se é um bom professor de Inglês, mas reconhece que precisa melhorar em gestão, ele pode se inscrever para ser um cursista em Gestão Escolar. Se o professor tem em sua turma dois alunos com transtorno do espectro autista e quer prestar um atendimento mais especializado a eles, pode se tornar cursista na Educação Especial. Ou seja, o docente tem condições de evoluir no segmento que ele considerar preciso.

Ao fim de 2022, o Paraná tinha seiscentos formadores, escolhidos via edital em um processo que leva em conta prova e análise de vídeo do candidato dando uma aula. Cada selecionado vai dividir sua carga horária: das quarenta horas semanais, vai destinar vinte horas para trabalho em sala de aula com os alunos de suas turmas e vinte horas como professor formador. São docentes que estão ajudando seus colegas a terem um desempenho melhor e a unificar as metodologias pedagógicas da rede estadual – e sou grato a eles por esse apoio generoso.

Por outro lado, os cursistas também são selecionados, a partir de editais da Secretaria. Em 2020, tivemos 7 mil professores inscritos. Nos anos seguintes, a iniciativa foi dobrando de tamanho, o que comprova a importância do programa. Em 2021, foram 14 mil cursistas. No último ano de nossa gestão, abrimos 25 mil vagas e tivemos mais de 30 mil inscritos. A procura foi além do que podíamos oferecer! Outro ponto importante é que mantemos uma série de indicadores do programa, entre os quais a frequência dos participantes. No instante em que escrevo este livro, checo o BI e constato que a semana anterior terminou com presença global de 81% dos cursistas. Bom, não é mesmo? Detalhe: tanto os formadores quanto os cursistas não recebem remuneração adicional para participar do projeto, eles fazem parte do programa porque estão comprometidos com o próprio desenvolvimento profissional.

Para além dos números, há muitas histórias de docentes transformados pelo Professor Formador. Em outubro de 2022, por exemplo, a Secretaria promoveu um encontro presencial com todos os formadores e cerca de cem cursistas. Os retornos que ouvi foram, literalmente, de levar às lágrimas. Ao longo dos dois dias do encontro, chorei pelo menos dez vezes ouvindo os relatos de formadores e de cursistas. O caso que me emocionou em especial veio de um professor de Educação Financeira do município de Cascavel. Estimulado pela professora formadora, ele desenvolveu um programa na escola em parceria com a cooperativa de crédito Sicredi. Funcionava assim: os alunos desenvolveram projetos de Educação Financeira; as vinte melhores iniciativas foram apresentadas ao Sicredi, que escolheria oito. Os vencedores ganharam uma bolsa de mil reais para investirem na própria educação. A proposta mobilizou a escola inteira. Mais de oitenta projetos foram apresentados, levando os alunos a pensar "fora da caixa" com base no que aprendiam. E o início de tudo foi o estímulo do Professor Formador.

OS RESULTADOS FORAM TÃO ANIMADORES QUE ESTRUTURAMOS O PROFESSOR FORMADOR PARA QUE ELE CRESÇA AINDA MAIS, CHEGANDO A TODOS OS DOCENTES DA REDE ESTADUAL. NOSSA IDEIA É ABRIR UMA ESCOLA VOLTADA APENAS PARA A FORMAÇÃO DOCENTE. PARA ISSO, NO FIM DE 2022, COM O APOIO DO DIRETOR JURÍDICO, JEAN PIERRE NETO, ELABORAMOS UM PROJETO DE LEI EMBRIONÁRIO A SER SUBMETIDO À ASSEMBLEIA LEGISLATIVA DO PARANÁ, COM O OBJETIVO DE GARANTIR, POR FORÇA DE LEI, QUE OS PROFESSORES SEMPRE TENHAM ACESSO À OFERTA DE FORMAÇÃO CONTINUADA, INDEPENDENTEMENTE DO GOVERNO OU DE COR PARTIDÁRIA QUE ESTEJA NA LIDERANÇA. QUEREMOS GARANTIR PARA A POSTERIDADE ESSE APOIO AO DESENVOLVIMENTO DO CORPO DOCENTE DO PARANÁ.

Uma observação: o Professor Formador foi um projeto pioneiro, criado e desenvolvido no Paraná. Nenhuma secretaria de nenhuma unidade da federação tinha algo parecido. Destaco aqui a expertise do Roni Miranda para a concepção do programa: como professor de carreira e ex-chefe de Núcleo, ele tem a visão pragmática de quem conhece a realidade da escola, e isso foi fundamental para que o projeto desse certo. Destaco, ainda, a ação da Juliana Kobylanski Jantalia, também responsável pelo programa, que atuou como líder e trabalhou junto ao Roni. Hoje, olhando para trás, modestamente, digo que acertamos em cheio ao apostar em um modelo que apoiasse o professor e que pensasse em seu desenvolvimento constante. Vejo que os bons professores vêm contribuindo de modo decisivo com a formação de seus colegas. O professor do Paraná já não se sente sozinho. E isso não pode acabar nunca.

UM BREVE PARÊNTESIS
Pandemia: o que aprendemos com o isolamento social

Eu estava no meu gabinete da Secretaria em 11 de março de 2020, quando recebi a notícia: o chefe da Organização Mundial da Saúde (OMS), Tedros Adhanom Ghebreyesus, anunciou que a covid-19 alcançava o status de pandemia. Àquela altura, a doença causada pelo novo coronavírus já se alastrava por 114 países, preocupando autoridades de todo o planeta. Desde que o vírus foi identificado em dezembro de 2019, eu já vinha me preparando para tempos obscuros. Embora ninguém soubesse em que medida e com que velocidade a doença se alastraria, eu tinha para mim que viveríamos momentos muito difíceis em escala global.

Desde o anúncio da OMS, passei a concentrar todos meus esforços em preparar a rede pública de Educação do Paraná para o que poderia vir pela frente. As pesquisas em relação ao novo vírus ainda engatinhavam e não havia consenso em relação aos procedimentos a serem adotados frente à pandemia. Os especialistas se dividiram: uma parte significativa dos infectologistas defendiam o isolamento social imediato e a suspensão das atividades que implicassem em aglomeração de pessoas. É claro que esse novo cenário impactava em cheio a Educação, era tudo muito assustador.

Ao longo das três semanas seguintes, enquanto o país discutia se deveríamos fechar as escolas ou mantê-las abertas, passei a trabalhar em um plano para que a Educação do Paraná se preparasse para aquele momento singular que estava por vir. Seguramente, foi o período mais difícil da minha trajetória profissional. Foi insano! Eu mal dormia, correndo contra o tempo para estabelecer um plano que permitisse que nossas escolas continuassem funcionando, ainda que de modo remoto, em caso de uma provável determinação de isolamento social. Precisávamos, é claro, resguardar a saúde de nossos alunos e, em contrapartida, pensarmos em soluções que minimizassem ou excluíssem perdas de aprendizagem. Tínhamos que atravessar aquele período sem perdas significativas para os alunos.

O único caminho possível era a tecnologia. Rapidamente pensamos em um modelo que contemplasse soluções via aplicativos de celular e transmissões de TV aberta – principalmente para driblarmos dificuldades de acessibilidade e conexão. Foi uma corrida contra o tempo, que incluiu todas as nossas diretorias, outras secretarias e outras autarquias. Eu me virava do avesso, conversando não só com todas as instâncias do nosso governo estadual, como também com secretários de outros estados e com ministros do governo federal. Em especial, tive inúmeras audiências virtuais com o então ministro da Ciência, Educação e Tecnologia, Marcos Pontes, porque ainda não havia nenhum instrumento legal que regulamentasse o ensino remoto. Tudo estava sendo construído naquele instante.

Enquanto se davam as articulações políticas para viabilizar um modelo consistente, com segurança jurídica e que nos permitisse implantar um sistema que atendesse aos nossos estudantes remotamente, nossos professores puseram a mão na massa: em estúdios instalados na sede da Secretaria, em Curitiba, os docentes começaram a gravar as aulas que seriam levadas ao ar assim que as autoridades políticas e sanitárias definissem o isolamento social. Era uma corrida contra o tempo. Tínhamos que ter tudo pronto o quanto antes.

Em 4 de abril – um sábado –, o então presidente Jair Bolsonaro assinou o decreto nº 10.312, que permitia que emissoras de televisão educativas utilizassem o recurso da multiprogramação para retransmitir aulas durante a pandemia. Era a medida pela qual estávamos esperando – e sobre a qual eu vinha conversando com o ministro Pontes já há algum tempo. Com a multiprogramação, cada canal poderia transmitir programações simultâneas em até quatro faixas de programação – uma espécie de sub-canal. Com isso, conseguiríamos levar quatro conteúdos distintos ao mesmo tempo a alunos de diferentes anos escolares a partir de um mesmo canal. Mais uma vez, a genialidade do nosso diretor de Tecnologia e Inovação, André Gustavo Garbosa, foi imprescindível.

No início da semana seguinte, logo na segunda-feira, 6 de abril, nós tínhamos tudo pronto. Já ensalados digitalmente, os alunos de todos os anos, de todas as escolas da rede estadual do Paraná, podiam assistir às aulas de suas casas a partir de três fontes distintas, todas abertas: pela televisão a partir da transmissão da emissora RIC, com quem firmamos convênio; pelo canal da Secretaria no YouTube e pelo aplicativo Aula Paraná, que desenvolvemos e lançamos em tempo recorde, para atender aos estudantes no período da pandemia. Pelo celular, cada estudante recebia as lições que deveria fazer e as respectivas aulas a que estavam vinculadas.

Em relação às atividades via celular, tivemos que pensar em uma forma de tornar esse modelo acessível aos estudantes – considerando que muitos sequer tinham internet disponível em casa. Para garantir acessibilidade integral, desenvolvemos um modelo em que o Estado disponibilizou aos alunos um pacote de dados móveis que só poderiam ser usados nas plataformas educacionais do governo. Importante destacar que todo esse processo envolveu muitos aspectos burocráticos para contratar desde as TVs que transmitiriam o conteúdo até adquirir os pacotes de dados. Nesse aspecto, destaco a agilidade do nosso então diretor-geral, Gláucio Dias, e da coordenadora de acompanhamento de contas, Fercea Myriam Duarte Matheus Maciel.

Foi uma loucura e, ao mesmo tempo, um trabalho ágil e incrível. Imagine você, a cada dia, levar ao ar seis novas aulas para cada ano escolar. A sede da Secretaria parecia a sucursal de uma emissora de televisão, com uma rotina insana de gravações. Pelo YouTube, cada conteúdo que colocávamos no ar tinha uma média de 80 mil visualizações. Pelo Aula Paraná, além de ter acesso a todos os conteúdos de sua série, o aluno ainda tinha uma sala de bate-papo virtual para tirar dúvidas com professores disponíveis para atendimento. Às custas de muito trabalho, tudo estava funcionando como planejávamos. Eu olhava para a minha equipe e sentia todos vibrando.

Ao mesmo tempo em que mantínhamos incessantemente a gravação das aulas, também fortalecíamos o acompanhamento pedagógico e continuávamos de olho em todos os nossos índices. Já ter boa parte dessa estruturação nos ajudou. Conseguimos controlar a frequência e a participação de maneira mais fácil e completa. Em casos de faltas recorrentes ou quando os alunos não faziam a lição, os professores entravam em contato com os pais para entender o que estava acontecendo e prestar apoio. Em um cenário de avanço da pandemia e todas as implicações que o novo coronavírus trouxe, docentes, estudantes e familiares foram verdadeiros heróis: juntos, eles driblaram barreiras físicas, econômicas, sociais e até psicológicas para manter o curso da aprendizagem. Foi um trabalho exemplar.

Como o nosso sistema funcionou perfeitamente, o meu status mudou de uma hora para outra. Até então, o Renato Feder era visto como um profissional com um perfil agressivo corporativamente, que provinha da iniciativa privada e que não ostentava no currículo nenhum grande feito pelo serviço educacional público. Eu não passava de uma aposta. Mas quando a sociedade viu que conseguimos manter o ensino a estudantes de uma rede de 2,1 mil escolas, nosso trabalho foi reconhecido. De longe, fomos o estado que melhor se saiu ao longo da pandemia. Conversei com muitos secretários de Educação de outras unidades da federação. Alguns me decepcionaram muito, por não terem feito nenhum esforço e terem deixado seus alunos à deriva. Outros não necessariamente se inspiraram no nosso modelo, mas fizeram um bom trabalho, como São Paulo, Espírito Santo, Amazonas e Ceará.

Tenho um exemplo prosaico, mas muito significativo em relação à magnitude do que fizemos ao longo da pandemia. Em maio de 2020 – no auge do isolamento social –, tive uma consulta de emergência com uma dermatologista em um bairro nobre de Curitiba. No início do atendimento, ela começou a me fazer algumas perguntas de ordem pessoal, que a orientariam na definição do diagnóstico. Quando contei que era secretário de Educação do Paraná, ela me deu um retorno que considerei emblemático:

"Eu acabei de tirar meu filho da escola particular e de matriculá-lo na rede pública. No ensino privado não tem aula, não tem nada. Os alunos estão parados. Na escola pública, vi que está tudo funcionando", contou-me. De minha parte, pensei: *se o filho do "rico", que tem condições de pagar pelos colégios mais caros, está recorrendo à rede pública, é porque estamos fazendo um bom trabalho.*

Com o sistema funcionando, tiramos da gaveta outros programas e ferramentas digitais que se tornaram pilares de nossa política educacional – e sobre os quais falaremos adiante. Com o avanço da vacinação e com a reversão da curva de contágio, em junho de 2021 começamos a transição para a sala de aula com um modelo híbrido – que combinava aulas on-line e presenciais. Em agosto daquele ano, todos os nossos professores e alunos já tinham voltado definitivamente para as escolas. O pior momento da pandemia tinha, enfim, ficado para trás.

Evolução do uso de ferramentas EAD na rede estadual do Paraná durante a pandemia de covid-19 de 2020

Alunos acessando por semana

Professores interagindo por semana

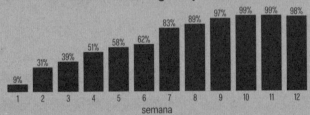

Lição de casa realizadas por semana

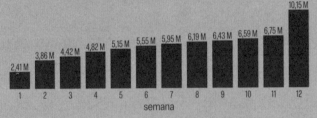

Aulas on-line síncronas por semana

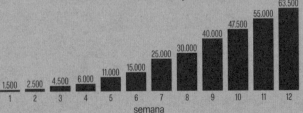

Fonte: Seed-PR

Quando retornamos ao formato 100% presencial, minha sensação foi de alívio absoluto, como se Deus tivesse tirado o peso de um planeta dos meus ombros. A pandemia fez com que concentrássemos esforços em manter os serviços, fazendo com que adiássemos inúmeros projetos que considerávamos primordiais e que estavam mais do que na hora de ser implantados. O arrefecimento do índice de contágio e o retorno gradativo a uma certa normalidade me soou como se me livrasse das correntes que, até então, me aprisionavam. Eu me senti livre, novamente, para cumprir minha missão.

Por outro lado, apesar de ter atrasado a implantação de alguns programas, a pandemia também nos trouxe lições e apontou caminhos. Tive mostras do comprometimento de alunos, pais, professores, pedagogos, diretores, servidores e chefes de Núcleo sem os quais não teríamos atravessado o período turbulento. Sem falar, é claro, da minha equipe de diretores, que foram incansáveis ao longo de todo o período.

A crise também nos apontou oportunidades e destacou caminhos. O isolamento social reforçou nossa convicção de que a tecnologia pode e deve ser uma forte aliada na Educação básica. Após o retorno ao formato presencial, aceleramos o lançamento de programas que já prevíamos e que apostam em aplicativos e disciplinas afinadas às novas tecnologias. Hoje, não temos um único professor que seja um "iletrado digital", um profissional incapaz de lidar com as novas tecnologias. Pelo contrário: nós surfamos na onda. O Paraná saiu da pandemia definitivamente na era digital.

6o PILAR

OBSERVAÇÃO DA AULA:
o diretor como técnico do professor

Gosto de usar uma analogia entre a Educação e os esportes. Em síntese, digo que o diretor escolar tem que ser para o professor o que um técnico é para um desportista. Em qualquer modalidade, o técnico precisa acompanhar de perto, dia a dia, o desempenho de seu atleta, dos treinamentos à competição. Só assim, o treinador terá condições de apoiá-lo, de identificar pontos fortes e fracos, de pensar estrategicamente em formas de otimizar a performance e seus fundamentos. Na escola não é diferente. O diretor precisa estar próximo do professor, e para que esse acompanhamento seja efetivo, o diretor precisa ter o hábito de assistir aulas dos professores de sua escola.

O problema é que esse é um dos grandes tabus – não só no Paraná, mas em todo sistema de ensino brasileiro. Sob argumentos de que os professores têm autonomia e liberdade de cátedra, os diretores simplesmente não assistem aulas de seus professores, e todos agem como se as salas de aula fossem santuários invioláveis. Mesmo antes de assumir a Secretaria de Estado da Educação e do Esporte do Paraná, eu estava convicto de que era preciso romper esse paradigma. O diretor precisaria passar a acompanhar as aulas de seus professores de maneira sistemática e frequente. Note como a presença do diretor em sala está diretamente relacionada, por exemplo, ao combate à aula chata e a nossa pirâmide invertida.

Eu não podia abrir mão disso. Logo no início da nossa gestão, no começo de 2019, manifestei minha ideia ao nosso superintendente de educação, Raph Gomes Alves. "Raph, se o técnico não vê seu esportista jogando, como ele vai ajudar a melhorar o desempenho? Nós precisamos fazer com que os diretores assistam às aulas de seus professores."

Raph me pediu calma. Argumentou que nosso planejamento para aquele primeiro ano de gestão contemplava muitos projetos novos e simultâneos. Mexer, de cara, em um dogma como aquele poderia gerar um atrito agudo entre diretores e professores, e entre toda a categoria profissional e a Secretaria. Concordei. Postergamos a execução da ideia para o ano seguinte, mas veio a pandemia do novo coronavírus, o que provocou uma readequação do planejamento. No segundo semestre de 2021, com o retorno das aulas presenciais, comunicamos a nova diretriz: os diretores deveriam assistir aulas dos professores de sua escola.

Alguns diretores encamparam a ideia e, de cara, passaram a incluir em suas rotinas o acompanhamento do trabalho de seus professores em sala. Mas também enfrentamos muita resistência. Muitos diretores se negavam peremptoriamente a cumprir a diretriz. Passei a ouvi-los, a estabelecer um canal de diálogo. Quando eu tentava convencê-los, eles reagiam. Muitas vezes, fosse em visitas a escolas, fosse ao receber profissionais de Educação em meu gabinete, ouvi de diretores argumentos do tipo: "Onde está escrito que, entre minhas atribuições, está assistir aulas dos professores da minha escola?".

Nessas conversas, percebi que precisaria de arrojo e coragem para convencer os diretores mais resistentes a adotar a nossa diretriz que, convém destacar, visava melhorar a qualidade das aulas. Na Secretaria, vimos que seria preciso criar um mecanismo que estabelecesse a observação de aula como uma obrigação do cargo de diretor, então consultamos a nossa assessoria jurídica. Juntos, chegamos à conclusão de que a medida mais eficaz seria alterar a Lei 18.590/15, que definia os critérios para designação de diretores e auxiliares.

Com interlocução junto aos deputados estaduais, conseguimos alterar a lei, criando uma alínea que prevê o afastamento de diretores em caso de "insuficiência de desempenho da gestão administrativa-financeira, pedagógica". Parece vago, não é?

Juridiquês. Mas a lei fica mais clara com a regulamentação, efetivada pelo Decreto 7.943/21, de autoria do governador Ratinho Junior. Em um dos parágrafos, o decreto estabelece claramente que o diretor deve "realizar metodologia de observação de sala de aula, presencial ou remota, assistindo pelo menos uma aula por dia letivo, com cronograma prévio combinado com o professor". Caso contrário, o diretor poderia ser afastado. Agora ficou claro, não é mesmo?

A alteração na lei e sua regulamentação pelo decreto nos deram os instrumentais de que precisávamos. Promovemos um amplo trabalho, conscientizando os diretores de que esse acompanhamento das aulas não pode ser feito por mera formalidade, precisamos de comprometimento e efetividade por parte dos diretores. Precisamos que eles fiquem na sala durante uma aula inteira e que a diretriz seja cumprida de modo recorrente. Por outro lado, deixamos livres alguns aspectos relacionados ao planejamento da ação: o diretor pode escolher a aula que vai assistir, agendando com o professor previamente. Também pode incluir a equipe pedagógica da escola nesse processo.

Com as regras bem definidas, começamos a romper esse tabu. Os diretores passaram a ir às salas de aula de maneira contínua e organizada. No início, alguns só acatavam a diretriz em razão da obrigatoriedade. Mas muitos logo notaram os avanços pedagógicos proporcionados por essa aproximação com a sala. Outros, que não se adaptaram e se recusavam a seguir o novo processor, infelizmente precisamos substituir: chegamos ao fim de 2022 destituindo cerca de duzentos responsáveis por escolas.

COMO PREVÍAMOS, O OLHAR DO DIRETOR AJUDOU A MELHORAR A AULA DOS PROFESSORES. TAMBÉM PASSAMOS A ESTRUTURAR AÇÕES QUE APOIASSEM ESSES PROFISSIONAIS. NA MAIS RECENTE DELAS, PROMOVEMOS UM GRANDE ENCONTRO COM OS 2 MIL DIRETORES DA NOSSA REDE PÚBLICA. PARTE SIGNIFICATIVA DA PROGRAMAÇÃO SE DESTINOU A ORIENTÁ-LOS NO ACOMPANHAMENTO DAS AULAS QUE ASSISTEM E COMO DAR RETORNOS MAIS EFICAZES AOS PROFESSORES.

Ao fim de 2022, posso afirmar que reduzimos drasticamente a resistência dos diretores à iniciativa. Temos inúmeros casos de profissionais que, ao incluir a ação em sua rotina, registraram a melhoria de índices de sua escola. São diretores que hoje têm gosto em assistir aulas de seus professores e apoiá-los para a administração de aulas melhores. Como nos esportes, é o olho do técnico fazendo a diferença.

7o PILAR

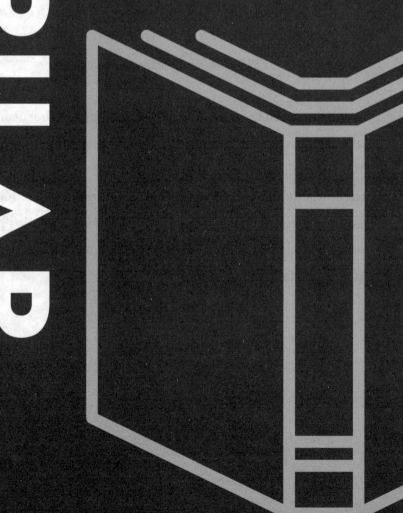

MATERIAL DIDÁTICO:

o "diamante" que apoia os professores

Durante a gravação das milhares de aulas que levamos ao ar ao longo da pandemia, percebemos a importância de um elemento que estava diretamente ligado ao sucesso daqueles vídeos: os slides que os professores usavam para explicar o conteúdo ao longo das videoaulas. As apresentações multimídia eram claras, diretas, atrativas, com fotos, ilustrações e vídeos que dialogavam com o universo visual dos alunos. Tudo bem resumido, focado naquilo que realmente interessava. O material básico de apoio estruturava a aula, facilitando a vida do professor e, de quebra, abria a possibilidade de uniformizarmos as aulas das escolas estaduais. Sem exageros, era como se estivéssemos escavando e, de repente, encontrássemos um diamante. Não hesitei. Reuni a minha equipe e anunciei: "Vamos preparar o material didático de toda a rede, aula a aula, semana a semana".

Apesar de parecer simples, nossa ideia era ousada. Imagine só: a cada semana, precisaríamos preparar os slides de todas as aulas, de todas as disciplinas da rede estadual, do 6º ano do ensino fundamental ao 3º ano do ensino médio. Assim, em toda segunda-feira, cada professor receberia em seu celular as apresentações das aulas previstas para aquela semana. Ou seja, o conteúdo seria uniformizado de acordo com o cronograma da Secretaria. Como os slides são editáveis, apesar de as aulas chegarem prontas, os docentes poderiam personalizá-las, adicionando, removendo ou alterando conteúdos, conforme as necessidades ou o perfil das turmas.

Ah, mas onde o professor projetaria esses slides? Também pensamos nisso. Em outra frente, equipamos cada uma das 25 mil salas de aula de escolas estaduais do Paraná com o Educatron, o nosso "robô da Educação". O equipamento é composto por um aparelho de smartv de tela plana de 43 polegadas, acoplado a um computador com webcam e conexão à internet via wi-fi. No Educatron, os professores podem não só apresentar os slides, como abrir links para páginas externas e para exercícios interativos e gamificados. Estavam ali todas as condições para uma aula calcada na era digital. Faltava só polir o diamante que tínhamos encontrado.

Para isso, criamos uma equipe inicialmente formada por oito pessoas, composta por professores e pedagogos: um de cada disciplina. Esse grupo ficou responsável por elaborar os slides que eram encaminhados semanalmente aos professores da rede. Com os bons resultados que a iniciativa nos deu logo de cara, ampliamos a equipe. No fim da nossa gestão, setenta profissionais escolhidos a dedo preparavam as apresentações multimídia que iam ser usadas pelos professores em todas as aulas nas escolas estaduais do Paraná. Em síntese, nós transformamos a Secretaria em uma editora de material didático. Não de livros sisudos e obsoletos, mas de conteúdo atrativo, alinhado à realidade do aluno e com uma infinidade de recursos digitais.

Ao longo do tempo, também fizemos ajustes no padrão dos materiais entregues aos professores, desenvolvendo melhorias com base no que observamos em sala de aula. Nós percebemos, por exemplo, que no início as aulas estavam muito expositivas, com poucas e longas atividades "mão na massa". Por exemplo, cada material continha, em média, trinta slides focados quase essencialmente na apresentação do conteúdo e apenas duas ou três atividades mais abertas e cansativas. Tinha sido um avanço em relação aos livros didáticos, mas podíamos melhorar ainda mais.

COM BASE NESSA PERCEPÇÃO, REDUZIMOS PARA UMA MÉDIA DE QUINZE O NÚMERO DE SLIDES A SEREM APRESENTADOS EM SALA. TAMBÉM INTERCALAMOS AS TELAS DEDICADAS À EXPOSIÇÃO DA MATÉRIA COM ATIVIDADES MAIS CURTAS PARA QUE OS ALUNOS REFLETISSEM E/OU PRATICASSEM O QUE TINHA ACABADO DE SER EXPLICADO PELO PROFESSOR.

Vamos a um exemplo: em uma aula sobre energias renováveis, o docente tem um slide apresentando um conceito do tema; outro exemplificando algumas das fontes, como a energia hidrelétrica. Em seguida, já vem uma proposta para que o aluno escreva, em três minutos, as vantagens e desvantagens da construção e operação de uma hidrelétrica. Ao redigir sua argumentação, o aluno ativou seu cérebro ao conteúdo. Nesse momento, há aprendizado. E a dinâmica da aula é essa: a cada dois ou três slides, há a proposta de uma miniatividade, como testes, quizzes ou estímulo a debates curtos com os colegas. É uma aula bem mais dinâmica, que mantém os estudantes 100% concentrados no conteúdo. Eles são protagonistas do processo inteiro, não apenas na atividade no fim da explicação monótona.

Além disso, é comum o material contemplar QR Codes ou links que encaminham a apresentação para outros recursos. Temos, por exemplo, materiais que levam ao Kahoot – uma plataforma de aprendizado baseada em games – e os alunos piram! O software trabalha muito com quizzes, que podem ser respondidos em tempo real pelos alunos e que já exibe na tela do Educatron, por exemplo, quem foram os alunos que acertaram e os que responderam mais rapidamente. Também temos exercícios que contemplam vídeos, testes em 3D, navegação na internet... é uma aula mais vívida, que prende a atenção dos estudantes.

Outro ponto importante se consolida como vantagem em mão dupla: com as apresentações digitais, os professores não precisam se preocupar em escrever o conteúdo na lousa, nem os alunos precisam perder tempo em copiar a matéria. O conteúdo multimídia é disponibilizado na íntegra para os estudantes por meio de um aplicativo que idealizamos e desenvolvemos, chamado Escola Paraná. Os alunos podem usar os slides como base para os estudos em casa e para se preparar para as provas. É claro que a lousa e os cadernos não foram abolidos de sala de aula, mas professores e alunos os utilizam de modo complementar: para levar uma explicação extra ou para anotar alguma observação importante.

"Ah, Renato, mas então vocês eliminaram os livros didáticos da sala de aula?". Não, não extinguimos os livros. Mas nós viramos a chave. Se antes os slides eram apenas um material de apoio, agora essas apresentações passaram a ser a espinha dorsal da aula. Os livros passaram a ser um apêndice que os professores podem utilizar como material complementar. Você percebe que as nossas aulas, agora, se desenvolvem de maneira similar ao que ocorre na universidade? Pois é. Já vamos preparando nossos jovens para a vida universitária.

Até o fim de 2022, a Secretaria preparou e distribuiu mais de 9 mil aulas a professores de todos os anos. A utilização do material não é obrigatória, mas é quase unânime. "Como você sabe se os professores estão levando os slides à sala de aula?" Nós criamos um BI que compila os dados de utilização do Educatron. Fechamos o último ano letivo com uma média de 95% dos docentes usando o nosso material didático. Não é para menos, além das vantagens didáticas, o pacote produzido pela Secretaria poupa tempo do professor. Ele não precisa mais investir tanto tempo extraclasse na preparação das aulas, precisando apenas adequar o conteúdo às demandas da sua sala.

Hoje, as equipes pedagógicas estão tão afinadas ao material elaborado e ofertado pela Secretaria que já não concebem ir à sala sem eles. O professor continua com sua autonomia, com sua liberdade de cátedra, mas tem no nosso material a estrutura central de sua aula, que o apoia em suas atividades em sala, do começo ao fim. Nosso diamante encontrado quase por acaso está lapidado e brilhando.

Se antes os slides eram apenas um material de apoio, agora essas apresentações passaram a ser a **ESPINHA DORSAL DA AULA.**

8º PILAR

SUPER GERENCIAMENTO:

o suor do aluno na tela do BI

Ao longo das minhas experiências no mundo corporativo, adotei inúmeras ferramentas de gestão. Do ponto de vista operacional, sempre considerei imprescindível acompanhar de maneira ininterrupta indicadores definidos como estratégicos pela companhia. Tinha para mim que desprezar esses dados é desprezar o rumo do seu negócio. Assim, logo no início da minha carreira empresarial, passei a fazer uso de sistemas de BI, que passaram a funcionar como uma bússola para as minhas tomadas de decisão. Na Multilaser, por exemplo, eu não passava um dia sem acessar o nosso BI.

Não vou tomar muito seu tempo com história, mas convém fazermos uma rápida contextualização. A expressão Business Intelligence começou a ser usada na década de 1960 para descrever sistemas complexos de compilação e compartilhamento de informações em organizações empresariais. Ao longo da década de 1980, conforme os modelos computacionais evoluíam, o BI também se informatizou e suas potencialidades se multiplicaram. Hoje, os sistemas de BI podem combinar análise empresarial, mineração e visualização de dados, geração de relatórios, análises estatística e descritiva, e métricas de desempenho, entre outras funções.

Quando consolidei minha guinada profissional, deixando o setor empresarial para viver meu sonho de trabalhar em Educação, eu tinha plena convicção de que o BI seria um dos meus principais aliados no que diz respeito à gestão. Como eu contei no capítulo de apresentação deste livro, ainda em São Paulo, desenvolvi meu primeiro modelo de BI aplicado à Educação, que nos permitiu rankear as diretorias de ensino. Se, por questões políticas, o projeto não foi abraçado na época pela Secretaria, a ferramenta me ofereceu um raio X da rede e me permitiu conhecer exemplos de excelência como da região de Taquaritinga. A curta experiência do BI em São Paulo comprovou a eficácia da ferramenta para fins de gestão educacional em âmbito estadual.

Ao desembarcar em Curitiba para assumir a Secretaria de Estado da Educação do Paraná, eu tinha certeza de que desenvolveria sistemas de BI para nos ajudar a controlar e gerir a rede. A minha decisão de utilizar o BI pode parecer banal, óbvia demais, mas não. Até então, a ferramenta era muito associada ao serviço privado. Nenhuma unidade da federação usava BI para ajudar nas tomadas de decisão relacionadas à Educação. Seríamos os pioneiros.

Por um lado, o uso do BI em uma Secretaria de Educação tinha certo caráter de novidade – e isso poderia soar como um ponto positivo. Por outro, havia muitos desafios. Como eu vinha do setor empresarial, muitos torciam o nariz para minha indicação ao posto de secretário. A minha decisão de adotar um sistema de BI poderia alimentar ainda mais essa desconfiança infundada. Pelos cantos, alguns falavam que queríamos implantar uma lógica corporativa no serviço público – como isso fosse algo pejorativo, uma crítica. Em todo caso, nós não poderíamos nos dar ao luxo de errar com o nosso BI. Como se diz no judô, teria que ser um *ippon*.

No setor empresarial, minha experiência comprovou que um dos maiores erros que um gestor pode cometer com um sistema de BI é tentar incluir muitos dados de naturezas diferentes. Informações demais podem confundir e tirar o foco do que realmente é relevante para a gestão. Por isso, o gestor tem que definir quais são os índices prioritários, quais são os melhores indicadores, que tipo de informações vão ajudá-lo de modo certeiro a enxergar as principais nuances do negócio e, por conseguinte, que vão ser determinantes na hora de tomar decisões.

Em conjunto com o meu time de diretores, com base na estruturação do nosso plano de educação, definimos quais seriam os nossos principais indicadores. Nosso foco, é claro, era o aluno. Assim, definimos três índices básicos: frequência escolar, lições realizadas e número de acessos às nossas plataformas educacionais. Com isso, seria possível acompanhar se os alunos estão comparecendo às aulas, se estão fazendo as lições e se estão utilizando os nossos sistemas pedagógicos. Em síntese, se uma escola estivesse bem nesses três indicadores, era muito provável que seus alunos estivessem com um bom nível de aprendizagem.

Não é difícil entender como o BI pode ser utilizado na gestão escolar. Em poucos cliques, eu consigo ter acesso a uma série de informações, com os recortes que eu quiser. Eu posso selecionar a disciplina Inglês, por exemplo. A partir disso, eu consigo checar o índice médio de lições realizadas por toda rede e por cada Núcleo Regional. Filtrando ainda mais, eu posso selecionar um município, uma escola ou mesmo uma turma. E mais: eu posso abrir os dados referentes a essa turma e ver quantas lições cada aluno fez em determinado período. Sim, eu tenho os dados de cada estudante. Com o BI, o suor do aluno pinga na tela do meu computador.

Se o índice de lições de Inglês está muito abaixo da média em determinada escola, o diretor não precisa convocar todas as classes para o pátio e dar um puxão de orelha: "Façam Inglês!". Ele pode ver quais são as turmas que estão com desempenho ruim e fazer uma cobrança direcionada. Como eu já disse, o BI escancara os pontos fortes e os pontos fracos de cada elo. Para um bom gestor, isso é uma ajuda sem precedentes. Uma revolução. Eu costumo usar uma figura de comparação: imagine que você utilizasse uma carroça de tração animal – aquela, puxada por um cavalo ou um boi – para se locomover. De repente, em um salto tecnológico agudo, surge o avião, que passa a ser seu meio de transporte. Na gestão da Educação, o BI equivaleria, nesse cenário, à invenção do avião.

Ok, com o Business Intelligence, passamos a ter um avião nas mãos. Mas um avião estacionado em um hangar não vale muita coisa, em termos práticos. É preciso saber pilotá-lo. Como extrair o melhor do BI e utilizar o que ele nos aponta para melhorarmos a Educação? Parece óbvio: para que os índices melhorem, é preciso cobrança. Eu me perguntava, no entanto, qual seria a forma mais eficaz de exercer essa cobrança, de modo que nossos anseios fossem correspondidos. Como gestor, eu não poderia só lançar uma política pública – no caso o BI –, sem dar condições de que esta funcione plenamente.

No começo de 2021, eu estava almoçando em um restaurante árabe com a chefe do Núcleo Regional de Ensino de Foz do Iguaçu, Silvana Garcia André, lá no Oeste do Paraná. Enquanto degustávamos o tempero da culinária libanesa, manifestei minha apreensão à Silvana. Com os dados do BI em mãos, minha dúvida era quem deveria fazer a cobrança por melhorias: a própria Secretaria deveria cobrar o diretor da escola; deveríamos colocar alguém em cada NRE para cumprir esse papel ou deveríamos nos valer dos tutores?

"Renato, não coloque essa atribuição sobre o tutor e o diretor. Crie um novo posto para fazer esse acompanhamento" sugeriu Silvana.

O BI escancara os pontos fortes e os pontos fracos de cada elo. Para um bom gestor, isso é uma **AJUDA SEM PRECEDENTES.** Uma revolução.

A opinião da chefe do Núcleo me deu um estalo. Pensei no nosso modelo da pirâmide invertida e imaginei composição com uma nova figura, alguém que fizesse a ponte entre os NREs e os professores. A esse novo posto demos o nome de embaixadores – já que eles representariam as disciplinas. Eles têm a atribuição de atuar diretamente com os docentes, estimulando-os e cobrando-os quando necessário. Cada Núcleo tem pelo menos um embaixador, que cumpre esse papel com os professores da microrregião. Com os embaixadores, nós tiramos esse peso dos ombros do diretor. De quebra, oferecemos um apoio mais efetivo ao dia a dia dos docentes.

A partir dessa ideia, chegamos ao final de 2022 com números animadores. Até novembro, por exemplo, tínhamos mais de 3 milhões de lições de Matemática concluídas pelos alunos. Em Inglês, nossos estudantes tinham feito mais de 13 milhões de exercícios. Tivemos excelentes resultados também em Português, com mais de 3,2 milhões de redações. Em Programação, foram 7,5 milhões de tarefas. Muito bom, não é mesmo?

Assim como no mundo corporativo, na Secretaria de Estado da Educação e do Esporte continuei apegado às métricas do BI e ao raio X que essa ferramenta proporciona. Ao longo dos quatro anos de gestão, foi raro um dia em que eu não tenha acessado a plataforma. O BI nos permitiu projetar o futuro, corrigindo rumos e reforçando nossas potencialidades. Se eu tive dúvidas, elas não existem mais. Nosso avião está em pleno voo. Eu vejo o suor dos nossos alunos na tela do nosso BI.

90 PILAR

REDAÇÃO PARANÁ:

tecnologia para escrever melhor

Uma das maiores potencialidades a ser exercitada no processo de aprendizagem é a escrita. Como apontei anteriormente, ao escrever, o aluno mantém o cérebro ativado, 100% concentrado no que está fazendo. Ali, ele materializa o que aprendeu. Independentemente da área de interesse que seguir – Ciências Exatas, Humanas ou Biológicas –, o estudante que tem uma boa escrita invariavelmente argumenta bem, é um bom leitor e tem um excelente nível de aprendizado.

O problema é que, em regra, os estudantes brasileiros vão muito mal em redação. Um indicador é o nível de leitura – afinal, se o aluno não lê, dificilmente será capaz de redigir um bom texto. A edição de 2018 do Programa Internacional de Avaliação de Estudantes (Pisa), por exemplo, apontou que 50% dos estudantes brasileiros não têm nível de proficiência básico em leitura.[11] Se não são capazes de interpretar um texto, como podem escrever com qualidade? É uma realidade que se arrasta no Brasil há décadas, mas contra a qual precisávamos lutar. Precisávamos preparar nossos alunos para que desenvolvessem suas habilidades de escrita e argumentação.

Desde antes de assumir a Secretaria de Estado da Educação do Paraná, esse tema me inquietava. Quais seriam as soluções? Alguns elementos estavam postos: tinha para mim, por exemplo, que o modelo calcado em redações manuscritas estava ultrapassado e era contraproducente. Ora, o aluno perde um tempão escrevendo à mão. Posteriormente, o professor vai ter um calhamaço para corrigir e ficar de olho não só na argumentação e raciocínio desenvolvidos pelos alunos no texto, mas também em ortografia e concordância. Mais uma vez, a tecnologia aparecia como uma aliada em potencial.

No começo de 2020, conheci uma empresa de tecnologia que desenvolveu uma plataforma educacional incrível. Trata-se de um software que ajuda alunos a fazerem suas redações – apontando erros ortográficos e de concordância – e que ajuda os professores na correção. Achei uma ideia fantástica! Fui conversar

---

[11] É PREOCUPANTE que 50% dos alunos brasileiros não tenham nível básico de leitura, diz analista da OCDE. **G1 Educação**, 12 mar. 2019. Disponível em: https://g1.globo.com/educacao/noticia/2019/12/03/e-preocupante-que-50-dos-alunos-brasileiros-nao-tenham-nivel-basico-de-leitura-diz-analista-da-ocde.ghtml.Acesso em: 06 abr. 2023.

com o CEO da empresa, a fim de trazer aquela ferramenta para a rede estadual do Paraná. As negociações, no entanto, não avançaram: o responsável pela companhia queria que pagássemos o mesmo valor por aluno que eles cobravam de uma escola particular. A questão é que uma escola particular, por maior que seja, tem alguns milhares de alunos. Nós temos mais de 1 milhão de estudantes, teríamos que desembolsar 40 milhões de reais por ano para usar a plataforma. Não houve acordo.

Eu me recusava, no entanto, a abandonar a ideia. Chamei o nosso diretor de Tecnologia e Inovação, André Gustavo Garbosa, e compartilhei com ele minhas angústias. Expliquei como uma plataforma de redação poderia ser decisiva para ajudarmos nossos alunos a desenvolverem competências em produção de texto de modo mais ágil, moderno e atrativo. Naquela mesma conversa, o André me disse: "Vamos fazer por aqui, Renato". Imediatamente, começamos a pensar em funcionalidades que a plataforma poderia conter. Durante o período de isolamento social decretado em razão da pandemia de covid-19, e com uma equipe de seis programadores, em um prazo de cinco meses o nosso diretor de Tecnologia entregou a nossa própria plataforma: a Redação Paraná.

Vamos aos detalhes do que pensamos e passamos a oferecer à rede. Cada aluno tem um perfil na Redação Paraná, com login e senha próprios. Ele redige seu texto diretamente na plataforma, que pode ser acessada de qualquer dispositivo com internet. Conforme ele vai escrevendo, um programa de inteligência artificial vai corrigindo em tempo real pontos relacionados à ortografia, semântica, pontuação, redundância e sintaxe, a partir de mais

Uma das maiores potencialidades a ser exercitada no processo de aprendizagem **É A ESCRITA.**

de 2,5 mil regras de português que ele reconhece. A ferramenta não só sinaliza os erros na tela como apresenta uma explicação, esmiuçando o que está em desacordo com as normas e apontando o que diz a regra. E mais: o nosso software tem recursos que impedem o plágio e que alunos "recortem e colem" textos de outras fontes. Ele precisa digitar mesmo!

Com isso, quando o professor acessar a redação para corrigi-la, já vai estar com 40% do trabalho feito. Ele não vai precisar perder tempo observando questões gramaticais ou tentando decifrar garranchos. O docente precisa se dedicar única e exclusivamente a avaliar os aspectos subjetivos da composição, como o desenvolvimento do tema, a criatividade e a argumentação do estudante. Ele vai vistando todos os itens na plataforma e já dá a nota na hora. O professor pode focar na capacidade dos alunos de construir uma boa redação, já os preparando também para avaliações externas, como o Exame Nacional do Ensino Médio (Enem) e vestibulares.

Como conteúdo complementar, nossa equipe pedagógica gravou vídeos curtos – com duração de cerca de um minuto – dedicados a explicar as principais características de cada gênero textual – do artigo de opinião à carta aberta, do conto à crônica, do editorial à reportagem, do resumo à resenha. O material está disponível nos canais da Secretaria relacionados ao Redação Paraná e podem ajudar os estudantes antes de começarem as próprias produções.

Quando lançamos a Redação Paraná, conquistamos, imediatamente, muitos adeptos. Como todas as escolas da nossa rede têm laboratórios de informática, os alunos não tiveram dificuldade em acessar o nosso software. Alguns mais jovens, do 6º ano, iam digitando com os indicadores, mas foram se familiarizando com a plataforma e se acostumando a redigir e desenvolver sua escrita. E os estudantes adoraram: apontaram que é muito mais rápido escrever no computador e com todo o suporte da inteligência artificial.

Entre os professores, tivemos muitos entusiastas de primeira hora. Profissionais que deram retornos muito positivos, elogiosos, e que não abriam mão de usar a Redação Paraná. Por outro lado, tivemos alguma resistência à ferramenta. Fizemos várias reuniões de alinhamento e, com o passar do tempo, de maneira orgânica, nossos docentes foram percebendo que a plataforma trazia vantagens ao processo de redação e correção – tanto para alunos quanto para professores. A resistência foi baixando de modo inversamente proporcional ao engajamento, que acompanhamos pelo Business Intelligence que implantamos. Como vimos no capítulo anterior, terminamos 2022 com um índice impressionante de redações concluídas. Hoje, a plataforma Redação Paraná é utilizada por mais de 1 milhão alunos e mais de 8,1 mil professores de Língua Portuguesa.

Com o sucesso da plataforma, celebramos com algumas iniciativas que estimularam professores e alunos. Uma delas foi o Concurso Redação Paraná Nota 10, por meio do qual premiamos as melhores composições de cada um dos 32 Núcleos Regionais, no ensino fundamental e no ensino médio – totalizando 64 vencedores. Eles escreveram sobre temas atualíssimos, como formas de combate a preconceitos e desigualdades étnico-raciais e como preservar o meio ambiente sem comprometer o desenvolvimento econômico.

Também levamos o Redação Paraná para o Programa Agrinho, uma iniciativa da Federação da Agricultura do Estado do Paraná (Faep) e do Serviço Nacional de Aprendizagem Rural do Paraná (Senar-PR). Com a parceria, foi criada uma categoria específica voltada a textos redigidos na nossa plataforma, e nossos estudantes deram um show de participação. Foram mais de 300 mil redações inscritas e mais de 1,2 mil premiados que ganharam um smartphone.

INDEPENDENTEMENTE DOS CONCURSOS OU DAS PREMIAÇÕES, O QUE NOS ANIMA É VERIFICAR QUE OS NOSSOS ALUNOS ESTÃO ESCREVENDO MAIS E MELHOR, ESTÃO TREINANDO E DESENVOLVENDO SUAS CAPACIDADES ARGUMENTATIVAS E SUAS TÉCNICAS DE REDAÇÃO. NÃO IMPORTA A QUE ÁREA NOSSOS ESTUDANTES VÃO SE DEDICAR OU QUE PROFISSÃO VÃO SEGUIR, QUALQUER QUE SEJA O CAMINHO, ESTAMOS CONTRIBUINDO PARA FORMAR CIDADÃOS MAIS CRÍTICOS, ESCLARECIDOS E CAPAZES.

10º PILAR

APLICATIVOS:
Inglês e Matemática na palma da mão

Como você já deve ter percebido, eu tenho obsessão por racionalizar procedimentos com vista a melhorar o desempenho dos alunos dentro e fora da sala de aula – e, de quebra, fazer um melhor uso do dinheiro público. Para propor soluções e reorganizar os recursos, frequentemente eu costumo voltar o olhar para dentro, processo por processo. No início da minha gestão à frente da Secretaria da Educação do Paraná, fazendo essa análise aplicada ao ensino de Inglês, observei uma dinâmica irracional que me acendeu um alerta. Mais que isso: me indicou que precisávamos fazer algo imediatamente.

Façamos um cálculo: do 6º ano do ensino fundamental ao 3º ano do ensino médio, um estudante da rede estadual tem cinquenta semanas letivas anuais, com um total de 100 horas-aula por ano. Isso quer dizer que, ao concluir o ensino médio, o aluno assistiu a 700 horas-aula. E a maioria esmagadora saía da escola sem falar inglês. Olha que loucura! A sociedade está pagando por 700 aulas para um estudante se formar sem ter cumprido seu objetivo: dominar o idioma que estudou ao longo de sete anos. Eu não me conformava. Recorrentemente, dizia para a minha equipe: "Nós temos que mudar essa lógica, de alguma maneira".

Mais uma vez, a tecnologia me soava como um ponto de apoio que poderia otimizar o aprendizado. Em 2020, minha equipe e eu passamos a fazer uma pesquisa aprofundada de plataformas e soluções tecnológicas disponíveis a serem aplicadas à Educação. Encontramos uma série de opções que poderiam nos atender – principalmente alguns softwares que são capazes de "ouvir" a pronúncia dos alunos e corrigi-los quando necessário. O parecer do nosso time de educadores e pedagogos era favorável. Convenci-me de que aquele era um caminho viável.

O caminho para que contratássemos um desses serviços seria o mesmo de todo o serviço público: uma licitação. Mas nós, evidentemente, não queríamos um aplicativo qualquer. Precisávamos de uma plataforma que realmente apoiasse os alunos na aprendizagem de Inglês. Para nos certificarmos de que os estudantes teriam acesso a um sistema eficaz, nós nos esmeramos na elaboração do termo de referência, que nortearia todo o processo licitatório. Estabelecemos os requisitos técnicos mínimos para que a nossa política fosse bem-sucedida. E aqui cabe menção especial ao nosso diretor jurídico, Jean Pierre Neto, e ao diretor-geral Roni Miranda, que garantiram que o processo transcorresse redondinho. E essa é a dica que dou a gestores públicos que queiram seguir o nosso caminho: afinar bem o termo de referência, ou seja, as bases da licitação. O segredo é ser republicano, mas estabelecer bons pré-requisitos, para evitar que empresas não tão sérias, que ofereçam produtos não tão bons, possam ganhar.

Concluímos o processo licitatório no início de 2021. Posso garantir: fizemos um ótimo negócio. "Mas quanto esse serviço custa, Renato?". O preço global do contrato é de cerca de R$ 5 milhões por ano. Se dividirmos pelo número de alunos que usam a plataforma, dá menos de R$ 5 por estudante por ano. É um valor irrisório, principalmente se levarmos em consideração que qualquer curso de Inglês em uma escola particular – naquelas que cobram mais barato – não sai por menos de 400 reais ao mês.

Com tudo caminhando do ponto de vista burocrático, passamos a apostar firme nessa estratégia de apoio. "Isso tem que ser um sucesso. Não pode ser um tiro pela culatra", nós dizíamos nas conversas entre a equipe. Para isso, estabelecemos um plano focado em três pontos essenciais. O primeiro deles era fazer com que os professores aderissem à ideia. Para isso, antes de disponibilizar a plataforma aos alunos, fizemos uma ampla apresentação e um treinamento aprofundado a todos os docentes de Inglês. Não foi preciso muito: os próprios professores reconheceram na plataforma uma grande ferramenta para a sala de aula.

Com a adesão dos professores, iniciamos o segundo passo, que consistia em sincronizar as lições disponíveis da plataforma com o conteúdo que seria ministrado em sala de cada um dos anos da nossa rede. A partir disso, levamos o aplicativo para a sala de aula. Cada aluno recebeu um login e senha, o que possibilita acessar a ferramenta no laboratório de informática da escola, na sala de aula ou em dispositivos próprios – como celular, computador ou tablet. Com a disseminação da plataforma, invertemos a lógica das aulas. Em vez de apresentações de slides estruturarem o trabalho dos professores, as lições do aplicativo passaram a ser o fio condutor do percurso de aprendizagem. É como se o software tivesse virado o livro didático dos estudantes. É claro que os docentes continuaram a fazer uso de slides projetados no Educatron, mas as apresentações passaram a dialogar com o aplicativo, com capturas de telas da plataforma. Tudo isso fez com que os alunos se familiarizassem muito rapidamente com a ferramenta. Foi um frisson!

Por fim, nosso terceiro ponto foi colocar embaixadores como ponto de apoio, incentivando o uso da plataforma e cobrando metas de acessos e de lições feitas pelos alunos em sala ou em casa. Muitos dos docentes que mais se entusiasmaram com a plataforma e que a usaram de modo ideal em sala foram recrutados como embaixadores e passaram a atuar como multiplicadores da ferramenta.

A plataforma foi um sucesso. Chegamos ao final de 2022 com mais de 14 milhões de lições feitas em toda a rede por meio do aplicativo. Em novembro, por exemplo, 92% dos estudantes tinham acessado o aplicativo, seja no laboratório de informática da escola, na sala de aula ou mesmo em casa. Tivemos alunos brilhantes, que simplesmente zeraram as plataformas. Sim, tivemos casos de estudantes que fizeram todos os exercícios disponíveis no aplicativo e aprenderam, efetivamente, a falar inglês. Comecei a receber inúmeros retornos muito positivos.

Um desses exemplos de que nos orgulhamos muito foi uma tendência que surgiu espontaneamente entre os alunos. Eles começaram a gravar vídeos curtos – de dois ou três minutos –, em que ensinavam a fazer uma receita rápida, passo a passo. Tudo falando em inglês! Quando comecei a receber os vídeos, vendo os estudantes de 12 ou 13 anos se expressando em inglês, tive certeza de que a plataforma tinha funcionado. Eu chorava, emocionado, diante do aprendizado dos jovens da nossa rede pública. Também obtive muitos depoimentos de professores e alunos, todos entusiasmadíssimos com a plataforma.

Para além dos vídeos e das declarações, o aplicativo também comprovou sua eficácia nos índices estabelecidos pela Secretaria. Talvez o mais evidente tenha sido o desempenho dos alunos na Prova Paraná. Antes da plataforma, a nota média em Inglês era de 4. Ao fim de 2022, a média subiu para 7. Foi a disciplina em que os estudantes se saíram melhor. Nem nós, da Secretaria, esperávamos um resultado tão significativo e que se consolidasse tão rapidamente.

Paralelamente, apostamos em uma política muito semelhante para o ensino de Matemática. Nosso plano era potencializar o aprendizado com tarefas e exercícios gamificados – com a dinâmica de jogos digitais – que ajudassem a consolidar o conteúdo que foi trabalhado em sala de aula ao longo da semana, de uma forma muito mais dinâmica e atrativa. Era transformar a jornada do conhecimento em Matemática em algo lúdico e intelectual. Como temos cinco aulas de Matemática a cada semana, destinaríamos uma para que os estudantes se dedicassem a fazer exercícios, sobretudo com o apoio das plataformas.

Após o uso em turmas-piloto com alunos do 6º ano, a experiência se aprofundou ao longo da pandemia do novo coronavírus. A partir de uma parceria, disponibilizamos a professores e estudantes a Matific, uma plataforma educacional desenvolvida por especialistas no ensino de Matemática. O software disponibiliza centenas de exercícios gamificados que estabelecem um vínculo direto com o conteúdo levado em sala de aula. As atividades são interativas, com personagens de um universo lúdico adequado à faixa etária dos alunos, o que proporcionou uma adesão excelente. Com o bom resultado obtido ao longo do período de isolamento social, mantivemos o uso da Matific na volta às aulas presenciais. Deixamos a rede estruturada para que, a partir de 2023, uma plataforma semelhante – com exercícios gamificados – seja implementada como complemento ao ensino de Matemática no 7º e 8º anos do ensino fundamental.

Para os alunos do 9º ano do ensino fundamental e do 1º, 2º e 3º anos do ensino médio, adotamos a Khan Academy, uma plataforma gratuita que oferece exercícios, vídeos educativos e um painel de aprendizado personalizado, e que habilita os alunos a estudarem no seu próprio ritmo, dentro e fora da sala de aula, sob a supervisão de nossos professores. A ferramenta também conta com uma metodologia que dá pistas ou pequenas explicações ao aluno, caso ele esteja em dúvida, ajudando-o a chegar à resposta. É claro que não só disponibilizamos o sistema. Nossa equipe pedagógica também fez uma curadoria afinada, selecionando blocos de exercícios de acordo com as matérias de cada ano, semana a semana.

A exemplo do Inglês, o uso das plataformas em Matemática transformou o ensino dentro e fora da sala de aula. As atividades lúdicas e digitais tiraram o ar assustador que os números e equações poderiam ter para alguns estudantes. Atraídos por essa roupagem mais moderna, os alunos estão avançando tanto em número de lições feitas como no desempenho na Prova Paraná. Ou seja, eles estão aprendendo mais. Como eu já disse, nem sempre a tecnologia é a solução. Mas nossa experiência com o Inglês e com a Matemática comprovam que plataformas digitais podem ser um ponto de apoio importantíssimo para a jornada de aprendizagem.

11º PILAR

PROGRAMAÇÃO:
o futuro é agora

Em uma noite logo no início do segundo semestre de 2019, saí para jantar com o então secretário-chefe da Casa Civil, Guto Silva. Entre outros assuntos, trocávamos impressões, fazendo uma espécie de balanço informal dos primeiros seis meses de nossas gestões, com base em metas que tínhamos estabelecido no plano de governo. Dinâmico e inteligente, Guto tem um perfil admirável, de quem capta tudo ao redor. Com essa visão ampla, ele fez uma pergunta simples: "Renato, vamos supor que você consiga atingir seu principal objetivo, que é ser o primeiro colocado no Ideb. Será que essa vai ser a sua marca?", questionou o meu colega.

Em seguida, Guto argumentou sobre a própria pergunta. Disse que considerava o topo do Ideb importante, é claro, mas que talvez eu não devesse me ater a um índice. Acrescentou que eu poderia projetar algo mais prático, mais palpável, que saltasse à vista das pessoas – não só da comunidade educacional, mas também para quem é de fora. "Não seria legal você ter uma marca mais inovadora, que revolucione a Educação?", lançou.

Apesar de Guto ter feito essas observações no tom cordial que o caracteriza, eu me senti provocado positivamente pelos apontamentos. É como se ele tivesse me atirado um desafio. Eu passei a pensar obsessivamente nas palavras do meu colega, pensando em algo "fora da caixa" que pudesse realmente mudar a vida dos alunos da rede estadual de ensino. Uma semana depois, convidei o secretário para almoçar em um restaurante nos arredores do Palácio Iguaçu, sede do governo do Paraná. Mal nos sentamos à mesa, anunciei: "Guto, eu encontrei. Nós vamos ensinar programação aos nossos alunos!".

Nos dias anteriores, eu tinha conhecido a Alura, uma plataforma especializada em linguagens de programação, com centenas de cursos em diversas formatações disponíveis. De cara, fiquei fascinado pela proposta da empresa. E tinha mais: dados da seção paranaense da Associação das Empresas Brasileiras de Tecnologia da Informação (Assespro-Paraná) apontavam que só em Curitiba havia um déficit de 3 mil profissionais na área de programação.[12] Nós poderíamos contribuir com nossos

---

[12] GASPARIN, M. Falta de profissionais de TI prejudica crescimento do setor que está com um déficit de 3 mil vagas só em Curitiba, 3. jun. 2019. **Mirian Gasparin**. Disponível em: https://miriangasparin.com.br/2019/06/falta-de-profissionais-de-ti-prejudica-crescimento-do-setor-que-esta-com-um-deficit-de-3-mil-vagas-so-em-curitiba/. Acesso em: 21 abr. 2023.

estudantes e diminuir esse índice encaminhando-os para uma carreira bastante promissora. Guto sorriu: "Se você conseguir, esta será uma marca e tanto!", disse-me ele.

Logo nas semanas seguintes, fui conversar com os gestores da Alura. A plataforma já havia sido implantada em inúmeras escolas particulares, mas ainda não havia operado em uma rede pública, nem tinha um "cliente" com as nossas dimensões. Para a rede privada, a Alura cobrava uma média de mil reais por aluno pelo período de um ano. Nós não tínhamos orçamento para isso, é claro. Mas convenci os diretores da empresa de que, firmando parceria conosco, a plataforma ganharia em escala e teria um belo cartão de visitas. Eles aceitaram fechar negócio, cobrando uma mensalidade de 3 reais por aluno. Como a Alura era uma empresa de excelência e oferecia um produto sem igual no mercado, foi possível fazer a contratação por inexigibilidade de licitação. No fim de 2020, a negociação e o caminho burocrático estavam vencidos.

Decidimos ampliar a proposta, lançando o EduTech, o nosso programa de educação tecnológica. Além de programação, incluímos desenvolvimento de games e animação. Nossa intenção era colocar nossos alunos, de fato, no século XXI, acompanhando as inovações tecnológicas e as carreiras afinadas ao mundo digital. Se no plano ideal tínhamos tudo pronto, a pandemia do novo coronavírus provocou o adiamento do início das aulas em formato presencial. Ainda assim, começamos o projeto em modo on-line. As disciplinas entraram na grade como atividade extracurricular, realizadas no contraturno escolar. Ainda assim,

Nossa intenção era colocar nossos alunos, de fato,

NO SÉCULO XXI,

acompanhando as inovações tecnológicas e as carreiras afinadas ao mundo digital.

os resultados foram animadores: tivemos mais de 65 mil alunos do ensino fundamental e médio inscritos.

Tudo isso fez com que ampliássemos as apostas. Para 2022, incluímos Pensamento Computacional (Programação) como uma das disciplinas da grade curricular do 1º ano do ensino médio – abrangendo quase 150 mil alunos. Além disso, o EduTech também continuou como atividade extracurricular no contraturno ou, para as escolas com ensino integral, foi oferecida para os outros anos do ensino fundamental e médio. Seria essa a nossa prova de fogo.

Um dos nossos desafios é que não tínhamos professores com formação específica para lecionar Programação. Tivemos que formá-los, usando a própria plataforma. Os docentes passaram a atuar como orientadores dos alunos, seguindo o passo a passo da Alura. Recebi inúmeros relatos, em que eles me diziam: "Renato, eu estou aprendendo a programar também!". Todos estavam muito entusiasmados. Não era para menos. O que estávamos fazendo era revolucionário.

Para viabilizar a entrada de programação na grade, investimos na ampliação dos laboratórios de informática das escolas da rede. Compramos milhares de novos computadores. Em contrapartida, selecionamos sessenta embaixadores para apoiar os professores. Também cuidamos do material didático: semanalmente, os docentes recebem as apresentações das aulas previstas naquela semana. Os slides contemplam capturas de telas das páginas do Alura, facilitando a familiarização dos alunos com a plataforma.

O que temos visto, na prática, é incrível e muito poderoso. Temos alunos muito jovens, nos seus 13 ou 14 anos, já programando, já aprendendo a construir um site, a criar um dispositivo de alarme ou um sistema de irrigação, desenvolvendo um jogo ou um aplicativo de celular ou até criando análises de banco de dados. Em outra ponta diretamente relacionada a esse trabalho, temos recebido relatos de alunos que conquistaram vagas de estágio em programas de menor aprendiz graças ao conhecimento adquirido no EduTech. É isso que queremos: encaminhar nossos jovens para o mercado de trabalho.

Estruturamos toda a rede para que, a partir de 2023, as aulas de Pensamento Computacional pudessem ser estendidas a todos os anos do ensino médio dentro da grade curricular. Posteriormente, os alunos do ensino fundamental também poderão ter a disciplina na sua carga-horária regular. Sim, nossa intenção é que a programação seja universalizada em toda a rede. O nosso sonho é que o Paraná possa se tornar um celeiro de programadores, suprindo o déficit desses profissionais não só no nosso estado, mas em todo o Brasil. Para nós, programação já não é o futuro. É o presente.

Já tivemos mostras do potencial do programa e dos nossos alunos. No fim de 2021, promovemos um desafio em que os estudantes deveriam pôr em prática os conhecimentos apresentados em sala de aula. Na primeira categoria, os alunos desenvolveram um jogo de fases. Na segunda, o objetivo era a criação de um site responsivo – que se adapta a diferentes telas e dispositivos – a partir de códigos em HTML, CSS e Java Script. Na terceira categoria, os estudantes tinham de fazer análise de banco de dados usando linguagem de programação Python. Por fim, na quarta categoria, os alunos tinham que criar um sistema de dados de uma escola, diferenciando cadastro de estudantes e professores e separando-os por turma. Os 21 melhores projetos foram premiados.

> SÓ PARA MENCIONAR MAIS UMA BOA PROVA: NÓS TAMBÉM CRIAMOS UMA CATEGORIA DE PROGRAMAÇÃO DENTRO DOS CONCURSOS DO PROGRAMA AGRINHO, REALIZADO PELA FAEP E PELO SENAR-PR. NO TOTAL, 128 PROJETOS DE ESTUDANTES FORAM PREMIADOS EM TODOS OS NÚCLEOS REGIONAIS DE ENSINO (NRES).

Quando os resultados começaram a aparecer, a cada vez que eu me encontrava com o Guto Silva, nós celebrávamos juntos. Em uma dessas ocasiões, quando o EduTech já estava bem estruturado, ele observou: "Você conseguiu. Essa é a sua marca". O governador Ratinho Junior também sempre foi um entusiasta e um grande apoiador do programa. E finalmente eu tinha entendido: realmente, o Ideb é importante, mas precisávamos ir além. E fomos.

12º PILAR

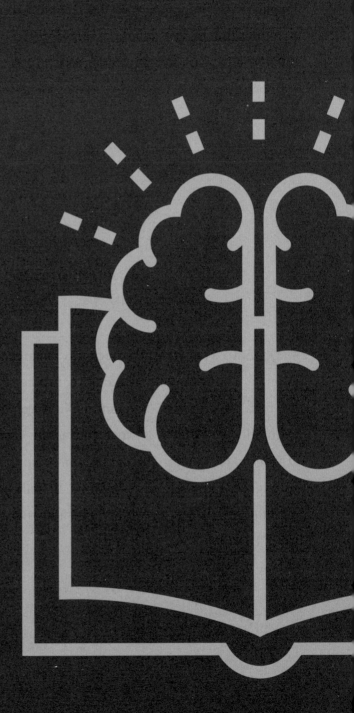

NOVO ENSINO MÉDIO:

saberes para a vida

Paralelamente à implantação dos pilares da nossa política de Educação, começamos a pensar em um modelo do Novo Ensino Médio, que adequasse nosso sistema às definições do Ministério da Educação (MEC), estabelecidas pela Lei Federal nº 13.415/2017 e que começariam a valer em 2022. O desafio era grande e não poderíamos nos dar ao luxo de cometer erros. Tínhamos que pensar em uma matriz definitiva de olho nas novidades previstas pela legislação. Entre elas estava o aumento da carga-horária, que passaria a ser de 3 mil horas ao longo dos três anos. Em síntese, isso significa o acréscimo de uma hora-aula por dia: de cinco para seis aulas diárias.

Desse total, 1,8 mil horas teriam que ser dedicadas às áreas de conhecimento definidas pela Base Nacional Comum Curricular (BNCC). Estamos falando de disciplinas relacionadas a Linguagens e suas Tecnologias; Matemática e suas Tecnologias; Ciências da Natureza e suas Tecnologias; e Ciências Humanas e Sociais Aplicadas. São aquelas matérias tradicionais como Português, Matemática, História, Geografia, Química, Física, entre outras. Já as 1,2 mil horas restantes seriam voltadas aos chamados itinerários formativos, que poderiam ser flexibilizados de acordo com a proposta de cada estado. A ideia era que cada aluno pudesse escolher o itinerário formativo que quisesse, de acordo com sua aptidão ou área de interesse.

Antes de definirmos o nosso modelo, fomos observar o que os outros estados estavam preparando. Não gostamos de nada do que vimos. Os novos currículos em elaboração estavam carregados de disciplinas voltadas a pautas atuais, que dominavam a agenda midiática. É claro que muitos desses temas são relevantes e indispensáveis para a sociedade, mas a ênfase proposta era muito ideologizada. Além disso, esses pontos já estão contemplados nas disciplinas regulares. Não havia necessidade de criarmos espaços de discussão adicionais para essas questões.

Aprofundando essa reflexão, eu ponderava: *puxa vida! Após deixar o ensino médio, o aluno vai viver mais oito décadas, em média. Será que esses conteúdos mais ideológicos vão ser determinantes na vida dele? Será que são essas discussões que ele vai levar para a vida?* Em conjunto com minha equipe, decidi que não. Concordamos, é claro, que esses temas são relevantes para a formação do estudante, mas como eles já estão contemplados na grade tradicional, poderíamos aproveitar esse esforço para criar novos eixos que já começassem a preparar o aluno para a vida profissional. Queríamos algo que fosse realmente fazer a diferença na vida dos jovens. Isso seria uma base fundamental no nosso modelo.

Outro aspecto para o qual eu torcia o nariz na proposta de outros estados era o excesso de itinerários formativos disponíveis. O número de opções é um ponto que tinha sido deixado em aberto pela legislação, de modo que cada unidade da federação definisse seu modelo. Alguns estados prepararam mais de cinco itinerários, criando combinações que resultaram em mais de vinte matrizes curriculares possíveis. Em um primeiro olhar, pode parecer muito positivo ter mais alternativas para o aluno escolher. Qual o entrave, então? Nenhuma rede tem possibilidade de executar de maneira satisfatória um número excessivo de currículos. Onde encontrar professores para as novas disciplinas? Como definir os contornos pedagógicos das novas propostas? Ficariam muitas matérias soltas, fazendo com que o aluno se perdesse no processo.

Observando esses cenários, em uma das reuniões no início de 2021 anunciei para a minha equipe: "Em vez de disponibilizar uma salada enorme aos alunos, nós vamos nos focar em três itinerários. Vamos oferecer menos opções, mas faremos bem feito. Aí, nossos alunos escolhem A, B ou C". Todos concordaram. Firmamos convicção unânime de que era melhor estruturar poucas alternativas de maneira sólida, com componentes curriculares sólidos e que contemplassem saberes que os alunos carregariam para a vida. E assim foi.

Um dos itinerários que disponibilizamos foi na área do conhecimento Matemática e Suas Tecnologias. O primeiro componente curricular que pensamos era algo que, certamente, todos os estudantes vão utilizar na vida profissional: o empreendedorismo. Não é difícil entender a importância dessa habilidade em um país em desenvolvimento como o Brasil. Se um profissional tem vocação empreendedora, ele certamente será bem-sucedido profissionalmente – seja comandando um negócio próprio, seja como funcionário. Elaboramos um supercurrículo que inclui matérias como cálculos de custos fixo e variável, lucro, sistemas de impostos, técnicas de vendas, diferenças entre microempresas, pequenas empresas e microempreendedores individuais, como calcular produção, logística... Enfim, montamos praticamente um minicurso de administração de empresas para o ensino médio.

Vinculado à Ciências da Natureza e Suas Tecnologias, o outro itinerário se focava em biotecnologia. Essa linha está diretamente relacionada à uma vocação do Paraná: o setor agropecuário. Desenvolvemos componentes curriculares atuais, alinhados com o que há de moderno no setor. Nossa grade foi elaborada com uma pegada forte em desvendar para os alunos como funciona o universo agro. A nossa ideia era abordar temas como genética, sanidade, controle fitossanitário, uso de energias renováveis no setor agropecuário, perpassando os principais modos de produção e culturas.

Por fim, na área de Linguagens e Suas Tecnologias, criamos um itinerário voltado à liderança. Nesse caminho, os estudantes com inclinação às humanidades podem desenvolver competências como oratória e comunicação. Nossa proposta é que aprendam desde como fazer gestão de pessoas e conduzir trabalhos em equipe a ter noções básicas de feedback ou gerir a agenda pessoal. Em outra ponta, também abordamos mídias digitais, como YouTube e TikTok, mas de modo profissional, para que os jovens possam pensar em utilizar essas plataformas como forma de ganhar dinheiro.

No início de 2021, passamos a consultar a comunidade escolar para receber contribuições e sugestões sobre o Novo Ensino Médio. Professores, funcionários de escolas, pais e estudantes receberam os documentos que detalhavam a nossa proposta e o referencial curricular que elaboramos. De um modo geral, a visão da comunidade escolar convergia com a nossa proposta. Após alguns ajustes, concluímos o currículo e as diretrizes complementares e os entregamos simbolicamente ao Conselho Estadual de Educação no início de agosto. Logo em seguida, os documentos foram homologados e publicados em Diário Oficial. Agora, era tirar do papel o nosso Novo Ensino Médio.

O próximo desafio era comum a todas as unidades da federação: encontrar professores para implementar o novo modelo. No nosso caso, olhamos para dentro. Passamos a selecionar os docentes com aptidão aos componentes curriculares de cada itinerário. Em seguida, definimos como prioridade treiná-los rigorosamente, preparando-os para levar as novas matérias à sala de aula. Além de diversas ações de capacitação e oficinas, entre novembro e dezembro de 2021 promovemos o Seminário de Formação sobre o Ensino Médio. Antes disso, já tínhamos realizado uma série de reuniões com pedagogos e diretores, então chegamos ao fim do ano preparados para o desafio.

Quando começaram as aulas, tudo saiu dentro do que planejamos. O aluno pôde escolher entre os três itinerários que disponibilizamos, de acordo com a disponibilidade de cada escola. Algumas turmas ficaram mais cheias, outras, mais vazias, mas os próprios colégios foram se adequando. Nas escolas menores, em que haveria demanda apenas por uma turma, a saída foi fazer uma espécie de votação, em que prevaleceu a vontade da maioria. Se o estudante queria muito optar por um itinerário que já estava com vagas esgotadas, ele poderia se transferir para outra unidade escolar.

Fora esses ajustes, eu classifico o nosso modelo de Novo Ensino Médio como um sucesso. Nós fizemos um currículo maravilhoso, extremamente atrativo e funcional. Nossos alunos estão aproveitando esse tempo extra em sala de aula para ter contato com conteúdos especializados que já começam a direcioná-los para as carreiras que têm afinidade. Eu definiria como um modelo que vai ajudar nossos estudantes a enfrentar o mundo real, dando ferramentas para que eles tenham empregabilidade e autonomia social. Eu olho para nossos componentes curriculares

A ideia era que cada aluno pudesse escolher o itinerário formativo que quisesse, de acordo com sua **APTIDÃO** ou área de interesse.

e digo: "Uau! Eu gostaria de fazer essas aulas! Eu quero que meu filho aprenda essas matérias!". E acredito quando se tem essa reação, é sinal de que acertamos.

QUADRO DE DISCIPLINAS

- **Robótica:** trabalha noções básicas da área, os alunos desenvolvem projetos como braço robótico, irrigador automático e semáforo, entre tantos outros. Os estudantes trabalham a partir de kits, que incluem notebooks e um conjunto de 448 componentes eletrônicos como motores, sensores, atuadores e microprocessadores Arduino.

- **Educação financeira:** dá ao aluno condições de estabelecer uma relação racional e consciente com recursos pessoais e coletivos, controlar o orçamento familiar e evitar endividamento, analisar e compreender hábitos de consumo, e estabelecer um plano de desenvolvimento pessoal do ponto de vista financeiro, de olho em seus objetivos.

- **Empreendedorismo:** tem o objetivo de desenvolver nos jovens noções de protagonismo e autonomia a partir de disciplinas como educação empreendedora, ética profissional, trabalho em equipe e cooperativismo. O conceito não se restringe à aplicação do empreendedorismo a um modelo de negócio, mas ao próprio desenvolvimento do estudante.

- **Biotecnologia:** contempla questões relacionadas às práticas conscientes voltadas à conservação e preservação do meio ambiente, tratamentos de doenças e terapias gênicas e técnicas de agricultura e pecuária que impliquem na melhoria da produção de alimentos e em diversos outros setores da indústria.

- **Liderança:** aborda os tipos de liderança e ensina a reconhecer características de grandes líderes, levando em consideração valores éticos e cidadãos. Visa contribuir para que os alunos desenvolvam empatia e reconheçam as diferenças entre trabalho cooperativo e colaborativo para propor estratégias de ação voltadas à colaboração.

- **Oratória:** além de apresentar as bases filosóficas da oratória, a disciplina foca aspectos práticos da arte de falar em público de maneira estruturada e intencional, e a utilização técnicas para um discurso eficaz a fim de informar, influenciar, motivar ou entreter os ouvintes, com postura e desenvoltura.

- **Mídias digitais:** tem como objetivo aprofundar e desenvolver os conhecimentos sobre práticas artísticas, recursos criativos, mídias digitais e suas interações na sociedade de modo crítico e responsável. A abordagem se dá por meio da análise de obras de arte, produções audiovisuais, fotografias e textos, discutindo nuances de cada linguagem.

Com a entrada do novo governo em 2023, o Novo Ensino Médio está novamente em discussão e o futuro da implementação da portaria original ficou incerto. Da minha parte, acredito que a Educação do futuro é maior e mais poderosa que aquela que ainda segue os moldes engessados do ensino tradicional. Aguardemos cenas dos próximos capítulos.

13º PILAR

EDUCAÇÃO PROFISSIONAL:

uma ponte com o mercado de trabalho

Nas minhas visitas técnicas como assessor da Secretaria da Educação do Estado de São Paulo, ainda em 2017, percebi um anseio claro entre uma parcela significativa dos estudantes: muitos deles não almejavam ir para a faculdade, mas sonhavam em sair do ensino médio diretamente para o mercado de trabalho. Para esses alunos, passar por um curso superior ou seguir carreira acadêmica era algo tão distante que pouco ou nada significava. Eles tinham planos pessoais mais imediatos: estavam ávidos por aprender uma profissão na escola e, se possível, já sair da sala de aula para o mercado de trabalho. Sim, eles sonhavam com um emprego, preferencialmente, com carteira assinada.

Assim que me tornei secretário de Educação do Paraná, nas primeiras reuniões com a minha equipe, lembrei-me dessa percepção, e trabalhei com a certeza de que deveríamos colocar a Educação Profissional entre nossas prioridades. Fomos aos números: cerca de 12% dos estudantes da nossa rede estavam matriculados em cursos profissionalizantes. Para ter um diagnóstico mais preciso, era necessário dimensionar a demanda. Fizemos uma pesquisa entre nossos alunos e o resultado foi surpreendente: quase 60% dos estudantes paranaenses gostariam de trilhar a Educação Profissional.

Havia um abismo entre a oferta e a demanda, o que confirmava minha sensação de que o tema merecia prioridade. Com a urgência que o caso requeria, estabelecemos uma meta arrojada: chegar ao fim da gestão, em dezembro de 2022, com a destinação de 40% das vagas do ensino médio para cursos da Educação Profissional. Era um investimento assertivo. O fato de um aluno trilhar o ensino técnico ou profissionalizante, é claro, não elimina ou diminui a chance de ir para faculdade. Pelo contrário: dá ao aluno que quer trabalhar mais cedo a possibilidade de ingressar em uma carreira e, posteriormente, se aprofundar nela nos bancos de um curso superior, se assim quiser. É um modelo que permite ao estudante organizar a sua trajetória de acordo com suas prioridades.

Na ocasião, a nossa rede tinha algumas poucas ilhas de ensino profissionalizante, com bons alunos, com alta frequência e boas notas no Ideb. Mas o nosso cardápio de cerca de cinquenta cursos era muito aberto: tinha desde formação em turismo a panificação. A Secretaria tinha pouco ou quase nenhum acompanhamento sobre o currículo e sobre as ementas. Tudo estava muito vago e solto. Para ampliar a oferta, minha equipe e eu chegamos ao consenso de que seria mais estratégico apostar em menos cursos, mas de maneira muito mais padronizada e controlada. Assim, começamos a desenvolver nosso programa, que chamamos de EP.Tec – Ensino Profissionalizante e Técnico de Nível Médio. Focamos em oferecer três cursos, os que nossa pesquisa tinha apontado serem os com maior procura: Administração, Desenvolvimento de Sistemas e Agronegócio.

O nosso principal entrave na ampliação da oferta seria conseguir professores capacitados para ministrar as disciplinas. No caso de Agronegócio, por exemplo, onde conseguiríamos docentes para dar uma boa aula de utilização e fertilização de solos, de genética animal e de uso racional de recursos naturais? Para Desenvolvimento de Sistemas, como encontrar bons professores para lecionar programação e análise de dados? E assim por diante. Chegamos à conclusão de que a Secretaria, por si só, dificilmente conseguiria atender aos estudantes com a urgência que o caso suscitava. Precisaríamos recorrer a parcerias.

Conversamos com entidades do Sistema S, com institutos federais e privados, com universidades particulares e diagnosticamos que estávamos diante de um grande obstáculo. Todos os possíveis parceiros com quem dialogávamos poderiam contribuir em ações que resultariam na oferta de poucas vagas para o nosso universo. Não havia meio de se conseguir contratação de professores na escala que precisávamos. Quanto mais saídas estudávamos, mais desesperador o cenário se tornava – afinal, a Educação Profissional era um anseio legítimo de uma fatia considerável de nossos estudantes.

Nesse contexto, a única saída que víamos eram teleaulas, a serem desenvolvidas e ministradas por parceiros externos. Idealizamos um modelo com aulas ao vivo pela internet, de modo síncrono, em turmas com uma média de trinta alunos. A interação entre professores e alunos seria mediada por auxiliares de sala de aula. Definidos por licitação, caberia aos parceiros gerir a estrutura de professores e dos auxiliares, além de preparar e conduzir as aulas, de acordo com a programação da Secretaria. O modelo parecia ser a melhor opção. Com essa definição, era questão de lançarmos o edital de licitação para selecionar os melhores parceiros e colocar o sistema para funcionar.

Agora, olhando em retrospecto, considero que nosso plano era realmente o ideal para a conjuntura que tínhamos. Mas cometemos um erro que, somados a outros fatores que surgiram ao acaso, colocaram o nosso modelo em xeque. Primeiro, falhamos na elaboração do edital, o que permitiu que uma única instituição arrematasse todos os lotes da licitação, que previa a operação de mais de 400 turmas, com mais de 22 mil alunos. Com isso, acabamos com um único parceiro e todo o modelo caiu em seu colo.

Os acasos vieram logo em seguida. Pouco depois da licitação, tornou-se pública a informação de que a instituição tinha sido vendida a um grupo de Santa Catarina. Por melhor que sejam as intenções, uma operação comercial dessa magnitude sempre envolve demissões e reorganização administrativa. Leva um tempo até que a empresa volte a caminhar no ritmo ideal. O problema é que nossa Educação Profissional ficou no meio dessa transição. A execução das aulas ficou extremamente prejudicada. Começamos a receber uma série de reclamações de toda ordem, desde a não preparação de aulas a falta de computadores. Enfrentamos uma série de manifestações e críticas justas. Embora a empresa tenha tido boa vontade para tentar corrigir os erros e tenha havido melhoras pontuais, infelizmente a fusão do conglomerado atrapalhou o resultado global do modelo. Não foi um erro deliberado, mas a ação teve como consequência um resultado ruim na ponta.

O EPISÓDIO SERVIU DE APRENDIZADO. ENTENDEMOS QUE SERIA MUITO MAIS EFETIVO SE NÓS ESTRUTURÁSSEMOS O MODELO DE ENSINO PROFISSIONAL PARA QUE NOSSA PRÓPRIA REDE O EXECUTASSE, SEM PARCERIAS. NÃO TIVEMOS RECEIO DE RECUAR. EM CONSENSO, DISSEMOS PARA NÓS MESMOS: "CHEGA DE TELEAULA. CHEGA DE TERCEIRIZAR. VAMOS FAZER NÓS MESMOS, MAS VAMOS FAZER MUITO BEM FEITO. VAMOS SER EXEMPLO PARA O RESTANTE DO PAÍS". COM CORAGEM, ARREGAÇAMOS AS MANGAS E FOMOS À LUTA.

Recrutamos um verdadeiro exército de professores e pedagogos, que teve como quartel-general a própria Secretaria. Ali, essa equipe se dedicou a reestruturar a nossa Educação Profissional e Técnica de Nível Médio desde o desenvolvimento das aulas e do material didático às avaliações que seriam aplicadas. Também tivemos que apostar na formação de professores, selecionando entre os melhores de que dispúnhamos na nossa rede. Conforme avançávamos, percebíamos que os resultados eram tão animadores quanto a dimensão do desafio. Tínhamos uma equipe afinadíssima, aulas bem estruturadas e professores prontos para pôr a mão na massa. Ufa, as perspectivas eram, enfim, positivas.

Assim, começamos a estruturar o EP.Tec de modo totalmente presencial e ampliado, abrangendo 529 escolas e 219 municípios, atingindo 30.138 alunos de um total de 115 mil estudantes que fazem o ensino médio no Paraná. Ou seja, 30% dos nossos discentes estavam matriculados no ensino profissionalizante ou técnico. Em pouco tempo, nós mais que dobramos a oferta de vagas por nossos próprios meios e de uma maneira consistente, muito bem estruturada, de uma forma que tínhamos condições de fazer. A execução se mostrava tão satisfatória que, ao longo do ano, passamos a projetar uma nova ampliação. Particularmente, eu estava muito empolgado com o que via.

Para levarmos a cabo o projeto de ampliação da oferta e do portfólio de cursos, no entanto, teríamos que vencer um obstáculo recorrente: encontrar pelo menos 5 mil professores habilitados a lecionar as disciplinas específicas de cada novo curso. Iniciamos uma "temporada de caça a docentes".

Ao mesmo tempo em que lançamos uma campanha de marketing para atrair novos professores, aumentamos o salário que seria pago aos contratados por Processo Seletivo Simplificado (PSS). Outro ponto é que a legislação abria possibilidade para que graduados em cursos afins pudessem se candidatar, ainda que não tivessem diploma em licenciatura. Todos os esforços convergentes surtiram efeito. No encerramento das inscrições, tínhamos quase 40 mil professores participando do processo. O que era um problema tinha se tornado uma solução.

Com tudo isso, criamos condições para que o Paraná atingisse um recorde absoluto na oferta de EP.Tec. Em 2018, as vagas para o 1º ano do ensino médio na Educação Profissional não chegavam a 15% dos alunos dessa série. Ao fim da nossa gestão, deixamos a rede estruturada para começar 2023 com a oferta de 51.235 vagas – o que corresponde a 44,5% dos estudantes do 1º ano. Nós batemos uma meta e tanto. Foi uma grande vitória.

Vagas ofertadas na Educação Profissional do Paraná ao 1º ano do Ensino Médio

Ano	Vagas
2018	17.068
2019	17.330
2020	17.500
2021	17.935
2022	30.138
2023	51.235

Fonte: Seed-PR

14º PILAR

EDUCA JUNTOS:
o estado como parceiro dos municípios

A ideia de fronteira ou de categorização geográfica não faz nenhum sentido quando estamos falando de políticas educacionais. Calma, eu explico. Para que a Educação cumpra seu papel social, o aluno precisa aprender o conteúdo correspondente ao seu ano escolar sucessivamente, até completar seu ciclo de aprendizagem. Não importa se ele estuda em uma escola municipal ou estadual. O aluno é um aluno: não pertence à prefeitura ou à Secretaria de Estado da Educação. O ente federativo não deve entrar nessa equação. Afinal, estamos falando da educação de cidadãos brasileiros que, no fim das contas, vão contribuir para o desenvolvimento da nossa sociedade. Temos que pensar a Educação em termos de "todos para todos".

Assim, o governo estadual pode e deve ir além de concretizar políticas públicas voltadas a sua rede. Deve pensar em atender, por meio de apoios, os municípios na execução de suas respectivas políticas de Educação. Um dos pontos que embasam meu argumento é o porte do estado. As Secretarias de Estado da Educação têm um orçamento robusto, com maiores infraestruturas, capacidade de investimento e de gestão, o que lhes dá condições de implementar políticas de maneira mais sólida e em escala mais abrangente. Além disso, ao apoiar a Educação Básica e contribuir com a otimização das aulas nas redes municipais, aquele estado vai "receber", depois, um aluno mais bem preparado. Com tudo isso, são maiores as chances de o estudante concluir seu ciclo de aprendizagem de modo pleno, bem formado, encaminhado ao ensino superior ou a uma carreira profissional.

Partindo desse princípio, quando assumi a Secretaria de Estado da Educação do Paraná, eu já tinha em mente a implantação de um projeto que contemplasse políticas de apoio qualificado às redes municipais. O nome da iniciativa sintetizava as bases de nossa ideia de convergir governo estadual e municipal: Educa Juntos. Nossa intenção era começar o quanto antes, mas tivemos alguns percalços no caminho. O ponto de partida seria imprimir e fornecer materiais didáticos às secretarias municipais parceiras, aproveitando a nossa equipe multidisciplinar que preparava as aulas de todos os anos do ensino médio.

Nosso plano era editar os materiais em 2019, para distribuí-los já no início do ano letivo seguinte. No entanto esbarramos em um entrave legal: não havia precedente na legislação para que a Secretaria subsidiasse recursos – inclusive livros, por exemplo – para fora da nossa rede estadual.

Esse obstáculo fez com que reorganizássemos nossa política de apoio aos municípios, indo para os passos seguintes. Disponibilizamos nosso BI de frequência escolar e nosso sistema digital de chamadas. Paralelamente, formatamos uma Prova Paraná para o ensino fundamental, pensada para ser aplicada pelas secretarias municipais em alunos do 5º ano. Com base na matriz de referência de Língua Portuguesa e Matemática, elaboramos um guia pedagógico com encaminhamentos e atividades comentadas, e materiais para alunos e professores. Além disso, também disponibilizamos as nossas plataformas digitais para envio dos gabaritos e de correção – o mesmo sistema utilizado na nossa Prova Paraná –, o que garantia que os resultados estariam disponíveis em até três dias.

Foi um sucesso generalizado. De um lado, os secretários municipais vibravam com a melhoria dos indicadores de frequência a partir do acompanhamento das métricas fornecidas pelo BI. Na outra ponta, a Prova Paraná ajudava as equipes pedagógicas a identificar os pontos fortes e fracos de cada turma, possibilitando o estabelecimento de políticas direcionadas, caso a caso. Já em 2019, obtivemos uma adesão gigantesca: 390 dos 399 municípios do estado aplicaram a Prova Paraná no 5º ano. Em 2020, chegamos a 100% das cidades paranaenses.

Enquanto o nosso departamento jurídico, liderado pelo doutor Jean Pierre Neto, trabalhava para costurar uma minuta de um Projeto de Lei que normatizasse o Educa Juntos, fizemos uma viagem técnica ao Ceará, que era a unidade da federação que detinha a melhor e mais duradoura política de parceria com municípios. Formada pelo nosso diretor de Educação Roni Miranda Vieira, pela coordenadora do Núcleo de Coordenação Pedagógica com os Municípios, Eliane Benatto, e por mim, nossa comitiva visitou todos os departamentos da Secretaria de Educação do Ceará, algumas escolas e marcamos reuniões com equipes técnicas com o objetivo de conhecer a fundo e em detalhes a experiência cearense. Foram dias reveladores.

A partir de então, elaborei um modelo de parceria com municípios que considero ideal – e que sugiro para gestores estaduais. Ele leva em conta quatro eixos básicos, a serem implantados simultânea ou encadeadamente. O primeiro deles diz respeito ao material didático.

Acredito que os materiais didáticos precisam ser consumíveis. O estudante tem que dispor do livro. Tem que consumi-lo ao máximo. Tem que ler, reler, anotar, desenhar, pintar... tem que devorar o livro. Essa interação é benéfica ao aprendizado. Nesse sentido, uma política de apoio às prefeituras tem que levar em conta a impressão e a distribuição de materiais didáticos às escolas municipais. O governo estadual deve se valer do seu orçamento e de sua organização para subsidiar suas cidades.

O segundo ponto é que o Estado precisa apoiar a formação contínua de professores das escolas municipais. A maioria das secretarias estaduais até dá esse amparo, mas de maneira indireta. Como? As equipes técnicas do estado prestam capacitação aos diretores escolares e aos pedagogos que, por sua vez, vão levar esse conhecimento aos professores. O problema é que, ao estabelecer intermediários nesse processo, muita informação qualificada se perde no caminho. É preciso ir direto na ponta. A qualificação tem que ser aplicada diretamente aos docentes, são eles que precisam ser treinados, não seus superiores. Eu vislumbrava um programa similar ao Professor Formador, mas voltado às redes municipais. Teríamos professores municipais formando professores municipais, com a Secretaria de Estado fazendo a gestão da capacitação contínua.

Em seguida, o terceiro eixo diz respeito às avaliações constantes. As secretarias estaduais precisam apoiar os municípios na aplicação de mecanismos que torne possível aferir o grau de aprendizagem dos alunos – exatamente como fizemos ao levar o Prova Paraná a estudantes do 5º ano das escolas municipais.

Por fim, o quarto eixo está diretamente relacionado a uma das principais fontes de recursos dos municípios: os repasses aos municípios de recursos provenientes da arrecadação do Imposto de Circulação de Mercadorias e Serviços (ICMS). Para quem não sabe, os estados são obrigados, por lei, a repassar às prefeituras 25% do ICMS que arrecadam, de acordo com o Índice de Participação dos Municípios (IPM). Nesse contexto, ainda em 2007, o Ceará teve uma ideia pioneira que teve impacto direto na Educação: o estado passou a aumentar a cota-parte dos municípios que melhorassem seus resultados educacionais. Quando o governo de lá fixou essa regra, os prefeitos cearenses se animaram, como se dissessem: "Opa! Se eu melhorar a Educação, aumento o meu caixa". Isso gerou uma competição benéfica entre os municípios, em que ninguém queria ficar para trás. O resultado foi que essa política estimulou as prefeituras a melhorarem a educação básica e, em consequência disso, o Ceará passou a ter um dos modelos de educação mais celebrados do país.

Essa medida foi tão boa, mas tão boa, que inspirou o governo federal a definir esse modelo como regra. Por meio da Emenda Constitucional 108, de 2020, ficou definido que, do total de recursos de ICMS a serem repassados aos municípios, pelo menos 10% deveriam ser distribuídos a partir de indicadores educacionais. Para isso, até 2022, cada unidade da federação deveria definir suas regras e critérios para "premiar" as cidades que tinham bons resultados na Educação.

No Paraná, a nossa preocupação foi ser o mais assertivo e justo possível. Minha equipe e eu fizemos incontáveis reuniões para chegar ao melhor modelo. Era como se nos debruçássemos sobre um imenso quebra-cabeças. Nosso diretor de Educação, Roni Miranda, e o nosso diretor jurídico, Jean Pierre Neto, foram determinantes para conseguirmos encaixar todas as peças. Definimos um sistema em que, a meu ver, era avançado em relação ao que é feito no restante do país, trazendo isonomia entre os municípios no acesso aos recursos.

Eu explico. Estabelecemos uma fórmula de metas educacionais escalonadas, com base no Ideb e em que cada município é avaliado em relação aos seus resultados anteriores. Por exemplo, se uma cidade tem uma nota considerada baixa no Ideb, ela tem a meta de conquistar uma melhora substancial: passar de 3 para 4, por exemplo. O município que ostenta uma nota alta também precisará evoluir, mas a um índice melhor. Já quem está em um patamar ótimo deve manter seu Ideb. A tabela é bastante clara e nosso escalonamento foi muito bem feito. Ela dá condições aos municípios que estão com uma nota 3 de quererem melhorar. Se eles fossem "disputar" recursos com cidades que têm nota 9, eles já jogariam a toalha sem estímulo para avançar.

Tenho convicção de que a partir da implantação desses quatro eixos, qualquer Secretaria de Estado da Educação poderá construir um sistema de parcerias efetivas e eficazes com os municípios. Mas gostaria de ressaltar o óbvio: é um trabalho que precisa ser realizado de maneira contínua e consistente, independentemente de colorações partidárias de prefeitos e de gestores. O foco, é claro, devem ser os alunos. A educação em primeiro lugar. Sempre.

CONCLUSÕES

O processo de implantação dos 14 pilares que apresentei ao longo deste livro e minha experiência como secretário de Educação me levaram a algumas conclusões. Mas antes de apresentá-las, gostaria de fazer uma curta retrospectiva, ano a ano, da minha gestão no Paraná. O ano inicial, 2019, foi cheio de expectativas e, ao mesmo tempo, muito difícil. Eu vinha cheio de ideias e projetos, mas ainda não conhecia em profundidade os meandros da administração pública. Uma boa imagem seria a figura de uma montanha-russa: tivemos muitos altos e baixos, em que apanhei muito, mas comecei a entender as engrenagens e passei a estruturar os nossos trilhos.

Já o ano de 2020 tinha tudo para ser excelente. Eu já possuia uma carga importante de aprendizado e estava com um time melhor, mais afinado ao que eu queria. Juntos, planejávamos tirar novos projetos do papel, enquanto outros, que já estavam em andamento, ganhariam corpo. Mas aí veio a pandemia do novo coronavírus e mudou completamente o rumo das coisas. Tivemos que readequar nossa trajetória e concentrar esforços no sentido de manter as aulas, agora em plataformas digitais. Foi um ano dificílimo, mas pelo qual conseguimos passar.

O ano seguinte, 2021, foi de recuperação. Voltamos às aulas presenciais e promovemos um amplo resgate de aprendizagem. Eu definiria 2022 como o nosso ano de plenitude. Estávamos com o time perfeito e pudemos voar alto. Avançamos em índices de gestão e de aprendizagem, tínhamos as escolas educando melhor, com os alunos vibrando com o método e conteúdo. Era emocionante ver os resultados de cada política que implantamos. Foi o melhor ano da minha vida. Nosso planejamento tinha funcionado.

Você deve ter percebido um ponto em comum em cada um dos pilares que apresentei: todos têm como foco o aluno, e todos propõem mecanismos ou soluções que resultem em uma boa aula. O gestor tem que ter isso em mente todos os dias. Todos. Tem que se perguntar o que ele pode fazer para apoiar a aula e o professor. Tudo isso passa por um material didático adequado, por uma boa formação do quadro de professores, pela motivação da equipe – do diretor ao chefe de Núcleo Regional de Educação –, pela infraestrutura e pelas políticas definidas pela Secretaria. Tudo precisa convergir para dar condições ao professor de dar uma aula melhor, visando a aprendizagem dos estudantes. Outro fator a ser buscado é uma aula com metodologias mais ativas, em que os alunos participem e se sintam estimulados a aprender.

Entre as conclusões que eu gostaria de compartilhar, a primeira diz respeito ao foco. Durante os quatro anos da minha gestão da Secretaria de Estado da Educação do Paraná, ao início de cada ano eu promovia uma reunião que se estendia pelo dia inteiro com meus oito diretores. Juntos, definíamos uma relação de projetos que gostaríamos de implementar nos próximos doze meses. Essa lista sempre deveria ser exequível e nunca passar de vinte projetos. Ali, eu firmava um compromisso com meu time: não tentaria pôr em prática nenhuma iniciativa que não estivesse naquele rol. Em contrapartida, todos deveríamos nos empenhar para realizar aqueles projetos prioritários.

A cada três semanas, eu voltava a me reunir com os oito diretores para avaliar o andamento de cada item. Nós destrinchávamos a planilha, projeto por projeto. "Como está isso?", "Por que aquilo não avançou?", "O que falta para a outra iniciativa andar?" Todos estávamos com foco total nos projetos daquela lista e esse comprometimento foi determinante para que conseguíssemos implementar os 14 pilares sobre os quais falei ao longo deste livro, além de outras iniciativas acessórias.

"Ah, mas por que fazer uma lista, Renato? De onde vem essa ideia?" Em partes, a iniciativa advém de uma disfunção que eu observava na iniciativa privada. Sempre que havia uma reestruturação, invariavelmente surgia um novo gestor ávido para lançar novas iniciativas próprias que, na maioria das vezes, contrastavam com o planejamento que havia sido feito no início do ano. Também, quando era assessor na Secretaria da Educação do Estado de São Paulo, eu via todo mundo brigando para lançar seus projetos, mas ninguém entregava nada. Faltava foco e planejamento. Seja na iniciativa privada, seja no serviço público, é gostoso lançar projetos, mas é custoso executá-los e entregar resultados. Para isso, é preciso foco e comprometimento da equipe.

Outra conclusão que eu gostaria de dividir é sobre pessoas. Nem sempre a primeira opção para determinado posto vai ser a pessoa ideal para determinada atividade. Todas as equipes invariavelmente vão precisar de ajustes pontuais. E isso faz parte do processo de se formar uma boa equipe. No departamento jurídico, por exemplo, tive que fazer substituições até encontrar o chefe ideal, que foi o Jean Pierre Neto. Na diretoria administrativa e financeira, foram algumas trocas até eu encontrar o Vinícius Mendonça Neiva. Enfim, ajustes fazem parte e o gestor precisa ter coragem para executá-los até encontrar a pessoa certa para cada função. Era imprescindível colocar um gestor extremamente competente para executar as principais políticas da Secretaria e cada um dos pilares descritos aqui no livro.

"Ok, mas qual a sugestão, então, Renato?" É ajustar o foco na escolha dos integrantes de seu grupo. Nas primeiras seleções da minha equipe, eu priorizei a experiência profissional na área específica que buscava. A um primeiro olhar, isso parece coerente. Mas se ater apenas ao currículo do candidato é um equívoco. No início, tive em meu time profissionais com um ótimo retrospecto, mas que não se encaixavam às nossas demandas naquele instante. Eu precisava de pessoas que estivessem dispostas a quebrar paradigmas. Outro ponto de atenção: muitos profissionais com bons currículos podem vir viciados, acomodados e não tão dispostos a vestir a camisa. Há que se detectar esses padrões no ato da seleção.

No nosso caso, por tentativa e erro, fomos percebendo que mais importante que a experiência na área eram características como potencial, capacidade analítica, comprometimento e desejo de desenvolvimento. Quem me chamou a atenção para isso foi a minha headhunter, Néia Ferrari. Na ocasião, já tínhamos feito várias mudanças no departamento jurídico, mas nenhum dos diretores conseguiu engrenar na nossa estrutura. Todos os que tinham passado pela Secretaria tinham anos de serviço público, eram experientes e, talvez por isso estavam modelados pelo sistema. Até que a Néia me disse: "Renato, por que você não procura alguém de fora do serviço público?".

Inicialmente, fiquei em dúvida. Um profissional da iniciativa privada levaria uns quatro meses para ser formado. Mas vá lá: decidi tentar. Encontramos o Jean Pierre Neto, que tinha uma carreira brilhante na iniciativa privada, mas que não conhecia nada de serviço público. Nas primeiras semanas, ele teve uma performance até abaixo das nossas expectativas, mas logo em seguida teve uma curva de aprendizado espetacular. Em três meses alcançou ao patamar de performance que esperávamos. Nos meses seguintes, se tornou um chefe de departamento jurídico espetacular. Foi o profissional ideal, sem o qual não teríamos executado muitas políticas com a celeridade que precisávamos.

Tudo precisa convergir para dar condições ao professor de dar uma aula melhor, visando a **APRENDIZAGEM** dos estudantes.

Da mesma forma, fomos recrutar outros grandes talentos na iniciativa privada, como o André Gustavo Garbosa (diretor de tecnologia), o Leandro Humberto Pereira Beguoci (diretor de comunicação) e o Marcelo Pimentel Bueno (diretor da Fundepar). Também abrimos o olho para o Sistema S, onde buscamos o Paulo Roberto Falcão (diretor de planejamento e gestão). Com isso, fizemos um mix desses "forasteiros" com os profissionais de carreira, do serviço público, como por exemplo a Silvana Avelar e o Roni Miranda. O time é muito importante. A seleção deve ser bem-feita e, principalmente, o gestor não deve ter compromisso com o erro: se um profissional não deu certo, não se pode hesitar em substituí-lo.

Outro ponto que destaco como essencial a um gestor é a maturidade política. Como eu vinha da iniciativa privada, tive, no início de minha trajetória como secretário de Educação, muitas dificuldades relacionadas às dinâmicas do serviço público. A realização de muitos e muitos projetos não dependia apenas do meu time, mas envolviam, também, a participação de outras secretarias. Assim, eu precisava da aprovação de anuência de outros agentes públicos. E nem sempre entendi esse caminho. Nos primeiros meses, errei muito, mas cada um deles foi um aprendizado.

Para a minha sorte, eu tive um governador que é um gestor nato. Dinâmico, moderno e com um olhar amplo, Ratinho Junior é um homem transparente e direto. Sempre que eu apresentava um projeto ao governo, ele dava retorno imediato e de forma clara. Para muitas iniciativas, ele dizia algo, como: "Renato, eu gosto da ideia, mas você precisa aprovar isso com tal pasta". A maioria dos nossos projetos tinha pontos convergentes com a Casa Civil, Secretaria de Administração, Procuradoria-Geral do Estado ou Secretaria da Fazenda. Ou seja, eu precisava alinhar a execução das nossas políticas com os gestores dessas áreas.

"Mas quais foram seus erros, Renato?" Bem, quando a Secretaria de Educação concebia uma política, eu já ia realizando o que nos cabia, como forma de agilizar a execução das iniciativas. Só quando chegava no ponto em que precisávamos do apoio de alguma outra pasta para determinada ação que eu os procurava. Só então, eu percebia que tinha atravessado diversos aspectos do projeto, inviabilizando a execução. Não raramente, tinha que voltar à estaca zero e recomeçar o trabalho. No serviço público, as iniciativas têm seu caminho e ninguém faz nada sozinho.

Com o governador, eu aprendi que um secretário precisa ter interlocução política com todas as pastas. Com o passar do tempo, aprendi a ler melhor o ambiente e a entender com quais secretários a Educação mais tinha que se relacionar para executarmos nossos projetos. Isso mudou completamente minha atuação. Quando ia dar início a algum projeto, eu batia pessoalmente em cada secretaria afim à iniciativa e apresentava a ideia: "Olhe, nossa ideia é fazer esse projeto, realizando A, B, C e D". O secretário, em regra, pedia um ou dois dias para avaliar e, em seguida, me devolvia. "Renato, os pontos A, B e D estão ótimos, mas o C precisa de tais ajustes". Assim, íamos construindo o projeto desde o início de maneira convergente e parceira.

> É CLARO QUE NEM TODAS AS SECRETARIAS DE EDUCAÇÃO SÃO IGUAIS EM TODOS OS ESTADOS, MAS ELAS TÊM O MESMO FIM: EXECUTAR POLÍTICAS OU PROJETOS QUE MELHOREM A EDUCAÇÃO, EM ALGUM ASPECTO ESPECÍFICO. PARA ISSO, O SECRETÁRIO VAI PRECISAR DE INTERLOCUÇÃO. VAI PRECISAR CONVERSAR COM SEUS PARES E, PRINCIPALMENTE, COM O GOVERNADOR. POLÍTICA É ISSO: A CAPACIDADE DE CONSTRUIR CONSENSO EM TORNO DE UM TEMA.

Por fim, outra lição que tive diz respeito à necessidade de se desapegar da popularidade. Vou explicar melhor. Cotidianamente, todo gestor público deve tomar uma série de decisões que vão desde aspectos mínimos ou locais até resoluções macro, abrangentes. Em todos os casos, as escolhas do gestor devem ser pautadas unicamente pelo bem-comum, independentemente se a decisão vai desagradar a um ou a outro. Nem todas as definições são populares. A pessoa pública não tem que pensar em ser boazinha, em ser considerada popular com os servidores subordinados à sua pasta: precisa servir a população, decidindo em favor do bem público.

No meu caso, como secretário de Educação, por exemplo, eu recebia uma enxurrada de pedidos de ordem pessoal. Era um pedido de transferência aqui, um pedido para não exonerar um servidor ali... enfim, uma infinidade de demandas não relacionadas ao bem público. Tudo o que me pediam, se fosse prejudicial à Educação, eu não atendia. Eu disse mais "nãos" do que poderia supor quando assinei meu termo de posse. Ao mesmo tempo, fui exigente com diretores, pedagogos, com chefes de núcleo... Não confunda, em absoluto, esses meus modos com grosseria ou falta de educação. Sempre fui cordial com os profissionais que trabalham comigo e com meus pares. Essa minha forma de me posicionar sempre teve como objetivo garantir a implantação e a boa execução das políticas públicas para a Educação. Eu não estava preocupado com o que os diretores iam pensar sobre mim. Eu estava preocupado em fazer a Educação paranaense decolar. Afinal, era esse o meu trabalho. Para isso, eu havia sido nomeado secretário de Estado.

Eu tinha para mim que a maioria da minha equipe compreendia que minhas cobranças e minha seletividade em relação às demandas eram norteadas por aspectos profissionais. Mas não tinha exata medida disso. Em 17 de novembro de 2022, eu comuniquei à rede estadual que eu não seria secretário do Paraná em 2023. A partir de então, eu recebi uma avalanche genuína de manifestações de admiração e respeito em uma escala muito maior do que eu poderia esperar. Profissionais que entenderam que eu trabalhava pensando no bem-comum.

No dia 5 de dezembro, fizemos um evento de despedida no histórico Teatro Guaíra – a mais tradicional casa de espetáculos do Paraná. A ideia era que fosse algo informal, sem presença obrigatória nem nada assim. Eu me surpreendi: mais de 1,5 mil professores, pedagogos e diretores lotaram as cadeiras aveludadas do belo teatro. O Roni Miranda e eu fizemos apresentações ao público, trazendo um balanço do nosso ano letivo. Enquanto falava, revivi tudo o que passei naqueles quatro anos. Eu olhava para os rostos na plateia: cada uma daquelas pessoas acreditou no nosso projeto de Educação. Sem elas, não seria possível realizar o que realizamos. E o que me deixa mais certo do sucesso dessa empreitaa: eles sabem que as condições da Educação do Paraná melhoraram.

Quando saí do palco, chorei copiosamente. Eu estava leve. O Paraná tinha o melhor Ideb do país e tinha uma infraestrutura invejável, com políticas consolidadas e estruturadas para continuarem dando certo. Eu saía com a sensação de ter cumprido minha missão e grato por todos que estiveram nessa trajetória comigo.

CONHEÇA O TIME QUE ME AJUDOU NESSA JORNADA

Ratinho Junior – governador do Paraná

Além de ter apostado em mim, foi um grande parceiro. Ao longo dos quatro anos da gestão, sempre quis saber detalhadamente de todos os projetos da Secretaria de Estado da Educação e do Esporte. Em seus discursos, demonstrava que sabia, com muita propriedade, de tudo o que estávamos realizando. Ratinho foi um exemplo de gestor, que me ensinou muito sobre interlocução e política, na acepção mais ampla da palavra. Foi uma honra ter sido secretário em uma gestão liderada por ele.

Roni Miranda Vieira – diretor-geral da Seed-PR

Servidor de carreira da Secretaria e professor de História por formação, Roni foi meu braço direito. É uma figura fantástica, humilde e destituída de qualquer vaidade. Ele conhecia em detalhes todos os programas e, talvez por ter vindo da sala de aula, soube montar um time muito afinado e eficaz. Ao mesmo tempo em que é um cavalheiro gentil, Roni sabe fazer os olhos dos colegas brilharem. Ele tem uma capacidade de entrega incrível, como se girasse doze pratos simultaneamente, sem deixá-los cair.

Vinicius Mendonça Neiva – diretor-geral da Seed

Encontrei o Vinicius no serviço público: ele era auditor do Tesouro Nacional. Desde o início, se mostrou um profissional brilhante, com um entendimento muito abrangente sobre orçamento e sobre mecanismos administrativos, além de ser uma pessoa que inspira extrema confiança. Sob orientação do Vinicius, zeramos alguns problemas que tínhamos com a Secretaria de Estado da Fazenda. Além disso, ele foi muito eficiente ao estruturar nosso orçamento e otimizar questões administrativas e de recursos humanos. Ele nos ajudou a deixar a casa completamente em ordem.

Silvana Avelar de Almeida Kaplum – chefe de gabinete

A Silvana trouxe polidez e estratégia a minha vivência política. Ela tem uma capacidade admirável de "ler" as pessoas e entender as mensagens subliminares em qualquer situação, sempre com muita sensibilidade. Ela me ajudou muito a desenvolver meu lado político. Mais do que conhecer cada secretário de Estado, a Silvana parecia entender como cada um pensava, quase antevendo seus passos. Ela tornou a Secretaria de Estado da Educação e do Esporte muito mais eficiente em interlocução e na interrelação com outras pastas. Ela me ajudou a construir consensos e a proteger institucionalmente a nossa equipe e, por conseguinte, a implantar as nossas políticas.

André Gustavo Souza Garbosa – diretor de Tecnologia e Inovação

Se não fosse a eficiência do Departamento de Tecnologia e Inovação, não teríamos consolidado muitas das nossas principais políticas educacionais. Nesse contexto, o André Gustavo foi o gênio de que precisávamos. Ele tinha uma visão aguçada e uma capacidade intelectual imensa, determinantes em pontos críticos que atravessamos, como a crise na Prova Paraná e os desafios impostos pela pandemia. O André Gustavo nos ajudou a trazer soluções internas, desenvolvidas dentro da Secretaria e que tiveram resultados excelentes.

Jean Pierre Neto – diretor do Departamento Jurídico da Seed-PR

Depois de muitas substituições no nosso Departamento Jurídico, encontramos o Jean Pierre Neto, que recrutamos da iniciativa privada. Ele nunca tinha atuado no serviço público, mas aprendeu tudo rapidamente. Em pouco tempo, passou a entender como ninguém de contratos públicos e de licitações, desvendando todos os meandros jurídicos da administração. O Jean nos deu a segurança jurídica para que realizássemos as políticas públicas que tínhamos planejado. Ele foi nosso esteio.

Paulo Roberto Falcão – diretor de Planejamento e Gestão Escolar da Seed-PR

Advindo do Sistema S, o Paulo começou na nossa equipe com a missão de cuidar das contrações. Ele cumpriu suas funções, superando as expectativas, o que me fez a notar que ele tinha o perfil ideal para assumir a diretoria de planejamento. Acertei em cheio. O Paulo tem uma visão matemática, com um raciocínio brilhante embasado em cálculos. Era capaz de saber quantos uniformes seriam necessários para o ano letivo ou detalhes do censo escolar de cabeça. Essa característica dele contribuiu para que trouxéssemos a Secretaria a outro patamar.

Marcelo Pimentel Bueno – diretor-presidente da Fundepar
Engenheiro civil de formação, o Marcelo tinha uma longa trajetória na iniciativa privada, com mais de vinte anos de experiência em grandes obras de infraestrutura. Tinha o perfil técnico que precisávamos para presidir a Fundepar. Na gestão dele, ampliamos as obras de reformas e construção de escolas e conseguimos otimizar processos que implicaram na melhoria da qualidade da merenda escolar. Com a infraestrutura "redondinha", tivemos tranquilidade para executar nosso plano de trabalho.

Leandro Humberto Pereira Beguoci – chefe de Comunicação e Imprensa da Seed-PR
O Leandro chegou para o nosso time em meados de 2021 e mostrou rapidamente sua capacidade estrategista, um dos melhores que conheci. Com uma visão abrangente de mídia e de comunicação aplicada à política, em pouco mais de um ano ele desenvolveu um trabalho excelente em duas frentes: estabelecendo um diálogo com os professores e comunicando

nossas ações à sociedade. O Leandro também me fez pensar em cada detalhe de cada gravação, para nossa mensagem chegar de maneira mais clara ao nosso público. Ao mesmo tempo, construiu um time ágil e dinâmico, afinado às tendências da comunicação.

Néia Ferrari – headhunter

Um ponto fundamental de sucesso de um gestor é selecionar uma boa equipe. Nesse contexto, a Néia exerceu um papel determinante. No início da minha gestão, eu vinha privilegiando quadros que tinham experiência específica nas áreas específicas. Com sensibilidade, a Néia me ensinou a desenvolver um olhar de longo prazo e a mirar outras qualidades, como potencial, comprometimento e capacidade de entrega. Se não fosse a atuação dela, eu não teria reunido a equipe de excelência que formamos.